청소년을 위한

빅터 프랭클의

죽음의
수용소에서

청소년을 위한

빅터 프랭클의
죽음의
수용소에서

빅터 프랭클 지음 **이시형 · 김혜림** 옮김

청아출판사

어머니를 기억하며

《빅터 프랭클의 죽음의 수용소에서》 청소년판 소개

이 책을 쓴 빅터 프랭클(Viktor E. Frankl, 1905~1997)은 오스트리아에서 태어난 유대계 정신과 의사이자 심리학자였다. 어릴 때부터 심리학에 대한 관심이 높았고, 고등학생 때 이미 정신과 의사가 되기로 결심했다. 의대생 시절에는 청소년을 위한 상담 프로그램을 무료로 진행했으며, 우울증과 자살 충동으로 힘들어하는 환자들을 많이 도왔다.

그는 오스트리아 빈에서 정신과 의사로 계속 활동했지만, 제2차 세계 대전으로 자신과 가족들이 모두 체포되어 강제 수용소로 보내졌다. 그 뒤 그는 아우슈비츠 강제 수용소를 포함한 네 군데 수용소에서 3년간의 가혹한 시간을 보냈다.

이 책은 박사가 강제 수용소에서 직접 경험한 일을 솔직하게 기록한 것이다. 평범했던 사람들이 수감자로 한순간에 비참한 삶으로 떨어지면서 어떤 변화를 겪었는지, 인간의 존엄성이라고는 하나도 없이, 차라리 죽는 게 나을 것 같은 매일 속에서 그래도 사람이 살아야 할 이유가 무엇인지를 상세하게 적고 있다.

박사는 수용소 같은 끔찍한 상황 속에서도 사람은 저마다 삶에 특별한 의미를 가지고 있으며, 어떤 일이 닥치더라도 거기에 어떻게 대응할지를 스스로 선택할 자유와 책임이 있다고 말한다. 그는 이러한 사상을 바탕으로 '로고테라피'라는 정신 치료법 이론을 완성했으며, 오늘날 정신 의학과 심리학에 큰 영향을 주고 있다.

홀로코스트 생존자로서 들려주는 이야기는 생생할 뿐더러, 고통과 시련 속에서도 마음 깊은 곳에 간직한 인간의 잠재력과 아름다움을 끊임없이 발견해 낸 박사의 깨달음은 매우 감동적이다. 또 어려운 상황에서도 다른 사람을 돕고, 자신을 헌신했던 다른 많은 수감자의 모습에서 과연 인간이란 무엇인가를 깊이 생각해 볼 수 있다.

미래에 대한 큰 희망이 없고, 때로는 삶의 여러 부분에서 무의미함을 느끼기도 하는 현대 사람들에게 박사의 이야기는 큰 울림이 될 것이다. 각자 삶의 진정한 의미를 찾고, 어떤 어려움과 시련에도 충만한 삶을 살아갈 청소년들을 위해 《빅터 프랭클의 죽음의 수용소에서》의 청소년판을 이번에 출간하게 되었다.

열다섯 살 때였다. 여름 방학 전 마지막 수업 시간에 영어 선생님이
40여 권의 책 제목을 우리에게 불러 주셨다. "방학 동안 너희가 이
책 중 몇 권은 읽었으면 좋겠다." 선생님이 말씀하셨다. "나중에 시
험을 보지는 않을 거야. 무슨 책을 읽었냐고 묻지도 않고, 독후감을
쓰라고 하지도 않을 거야. 하지만 이 책 하나하나가 모두 강렬한 문
학 작품이고, 그동안 나에게 많은 영향을 주었던 것들이다. 너희도
이 책들에 기회를 준다면, 이 안에 담긴 이야기와 목소리를 너희 삶
에 들여놓는다면, 어쩌면 세상을 보는 눈이 달라질 수도 있을 거다."
　당시 나는 성인 문학에 진지하게 관심을 가지던 시기였다. 하지만
목록에 있는 제목 대부분이 낯설었고, 거의 처음 보는 것들이었다.
읽고 쓰는 것을 강박적으로 쫓던 십대 청소년이었던 나는 그 도서 목
록을 받아 들고 몹시 신이 났다. 바로 다음 날 아침, 동네 서점으로
자전거 페달을 밟아 달렸다. 이 독서 여행을 어느 책으로 시작할지
정하는 데 시간이 오래 걸렸지만, 마침내 나는 프리모 레비의 《이것
이 인간인가》로 결정했다.
　이 책은 내게 큰 영향을 주었다. 지금은 이상하게 생각되겠지만,
1980년대 아일랜드 학교에서는 홀로코스트*에 대해 배우지 않았다.

텔레비전에서 본 전쟁 영화와 가끔 도서관에서 빌려 본 '청소년을 위한 제2차 세계 대전' 책을 제외하고는 처음으로 접하게 된 내용이었다. 이것은 그 뒤 오랫동안 나를 사로잡았고 몸서리치게 했다. 강제 수용소**에 갇혀 있던 마지막 피해자가 풀려난 뒤 25년이 지난 뒤에야 내가 태어났지만, 수용소 이야기는 내 소설의 본질이 되었다.

책을 읽다 보면 종종 그렇듯 그해 여름 나는 한 책에서 다른 책으로, 또 다른 책으로 이어 가며 선생님의 추천 목록은 결국 새까맣게 잊어버렸다. 대신 작가와 이야기가 이끄는 대로 따라갔다. 곧 프리모 레비의 자전적 책 대부분을 읽었고, 안네 프랑크와 엘리 위젤의 글과 함께 역사책 몇 권을 더 읽었다. 히틀러의 전기도 읽었다. 여름이 끝나고 새 교복을 맞추려고 치수를 잴 즈음에는《빅터 프랭클의 죽음의 수용소에서》를 만났다. 거창한 제목에 기가 죽었지만, 역사에서 가장 끔찍했던 시대, 인류가 얼마만큼 잔인할 수 있는지 보여 준 시대를 이해하고 싶었던 나에게는 자연스러운 읽기의 흐름으

---

* **홀로코스트**Holocaust 600만 명 넘는 유대인을 죽인 나치의 집단 학살
** **강제 수용소** 나치가 유대인과 다른 민족들을 가두고 죽인 곳

로 느껴졌다.

프랭클 박사의 책은 레비, 위젤, 안네 프랑크의 책과 마찬가지로 나에게 큰 영향을 주었다. 1986년에 처음 읽었을 때도, 또 지금 이 책에 들어가는 '추천의 글'을 쓰기 위해 30년이 지나 다시 읽을 때도 마찬가지다. 가장 비인간적인 경험 속에서 피해자들이 무엇을 느끼는가에 대한 그의 분석은 매우 명료하다. 놀랍도록 담담하고 선명하다. 자기 집에서 갑자기 낯설고 무서운 곳으로 끌려온 피해자들이 느낀 충격과 비탄, 두려움. 전기가 흐르는 울타리 안에서의 삶에 적응하면서 겪는 정신적 단계. 단지 살기 위해 할 수 있는 건 뭐든지 하는 인간의 욕구. 이 경험에서 결국 살아남아 바뀐 사회 속으로 돌아온 피해자들의 피폐한 정신세계가 모두 담겨 있다. 이들이 지난 일을 받아들이는 데는 보통 몇십 년이 걸렸다.

프랭클 박사의 책은 '생존'의 의미를 다시 생각하게 한다. 강제 수용소에서 '생존'한 사람이 있기는 한 걸까? 잘 모르겠다. 감당하기 힘든 경험, 잔혹한 기억, 사랑하는 사람을 잃은 슬픔은 엄청나다. 아마견딜 수 없는 무게가 의식을 온통 짓눌러 버렸을 것이다.

피해자들이 쓴 회고록은 모두 다르고 놀랍다. 하지만 프랭클 박사의 책에서 나는 전혀 상상하지 못한 바를 보게 되었다. 박사는 우리 존재의 모든 순간이, 행복이든 슬픔이든 관대함이든 혹은 잔인함이 든 상관없이, 이 모든 순간이 우리 삶의 경험이 되고 우리는 그것을 받아들여야 한다는 믿음이 있었다. 이 믿음에는 냉정함이 깃들어 있 어, 그걸 이해하는 데까지는 시간이 필요하다(프랭클 박사의 경험은 우 리가 직접 겪어 봐야 완전히 이해할 수 있다고 생각한다). 그 냉정함은 박 사가 하루하루를 버틸 용기를 주었다. 또 두려움을 무릅쓰고 자신의 가장 암울했던 시간으로 다시 뛰어든 위대한 작가 중 하나가 되게 했다. 이 위대한 사람들은 자기 연민이나 악감정 없이, 오직 우리가 알아야 한다는 것, 앞으로 그런 일이 다시 생기는 것을 막을 수 있 다는 분명한 바람으로 자기 경험을 세상 사람들과 기꺼이 나누었다.

프랭클 박사는 굳은 신념으로 시대를 앞서갔다. 피해자의 삶에도 선택할 수 있는 자유가 있다고 믿었다. 극한의 상황일지라도 희망을 잃는 것은 어둠에 항복하는 것과 같다고 했다. 피해자든 감시병이든 상관없이 다양한 사람을 관찰하고 분석한 것도 굉장하다. 박사의 이 런 진실하고도 위험한 탐구로, 이 회고록은 1946년 처음 출간되었을 때 사람들에게 충격을 주고 불쾌감을 느끼게까지 했다.

책에서 나를 가장 사로잡은 것은 수용소에서 풀려난 피해자들의 삶을 탐구한 부분이다(나는 '수감자'라는 말보다 '피해자'라는 표현이 낫다고 본다. '수감자'라는 말에는 감옥에 갇힌 것이 정당했다는 뜻을 담고 있는데, '피해자'는 죄 없이 갇힌 사람들이라는 것을 분명하게 보여 주기 때문이다). 나와 비슷한 환경에서 자라난 사람들은 당시 피해자들의 마음에서 끓어올랐을 혼란과 분노, 안도의 감정을 감히 상상할 수 없다. 누구라도 그럴 것이다. 정신과 성격이 산산이 부서져 버린 다음에, 삶에서 다시 어떤 즐거움을 느낀다는 것은 대단한 도전일지도 모른다. 인간이 저지를 수 있는 최악의 행위를 보고 나서 어떻게 사람들 속에서 살아갈 수 있을까? 하지만 피해자들 모두 이를 받아들이려 애썼다. 어떤 사람들은 성공했지만 그렇지 못한 사람들도 있다. 그리고 프랭클 박사가 이를 극복하는 데는 한 가지 방법밖에 없었다. 바로 쓰는 것이었다.

프랭클 박사는 내가 어릴 때 돌아가셨고, 그 뒤 나는 소설가가 되어 직접 소설을 쓰며 홀로코스트를 이해하려고 했다. 그리고 운 좋게도 몇 년에 걸쳐 강제 수용소의 생존자들을 만날 수 있는 특권을 누리게 되었다. 작가로서 가장 겸허해질 때는 전 세계의 커뮤니티 센터, 강당, 공연장, 축제 무대 위에 서서 청중 속 생존자의 이야기를 듣는 순간이었다. 누군가 일어나 자신의 기억을 이야기할 때 말이다. 강연하고 나서 청중과 이야기를 나눌 때의 느낌을 평생 잊지 못한다. 그들이 와 준 것이 매우 영광이었고, 그토록 진실하고 강한 이야기 앞에서 내 상상력만으로 썼던 소설이 부끄럽게 느껴지기도 했다. 생존자들은 과거를 되살리는 다른 고전들과 함께 빅터 프랭클이라는 이름과 《빅터 프랭클의 죽음의 수용소에서》를 자주 말한다. 앞으로도 그럴 것이다. 그것이 그가 남겨 준 유산이다.

왜 홀로코스트에 대해 계속 쓰는가라는 질문을 자주 받는다. 모든 소설과 비소설, 회고록은 사람들을 토론하게 만든다. 열정을 이끌어 내고, 비평도 하게 한다. 나는 특히 문학이 정치, 종교와 다르게 다양한 의견을 모두 받아들이는 즐거움이 있다고 본다. 홀로코스트 문학은 가장 친한 친구나 사랑하는 사람과 열띠게 대화하도록 만든다. 아무도 다치지 않고, 아무도 집에서 끌려 나가지 않으며, 아무도 죽지 않고도 말이다. 빅터 프랭클은 이것을 알았던 것 같다. 왜냐하면 《빅터 프랭클의 죽음의 수용소에서》가 그런 책이기 때문이다. 읽고, 간직하고, 서로 이야기하게 한다. 이로써 결국 희생자들의 기억이 언제까지나 살아 숨 쉬게 되는 것이다.

존 보인
《줄무늬 파자마를 입은 소년》의 작가

이 책의 영어판이 출간되고 거의 100쇄에 이르렀다. 그동안 번역판도 21개 언어로 출판되었으며, 영어판만 300만 부 이상이 팔리는 기록을 세웠다(현재는 50개 언어로 출간되어 총 1,600만 부가 팔렸다). 그래서 미국의 신문 기자와 텔레비전 방송국 기자들은 인터뷰를 시작할 때 감탄에 찬 이런 질문을 던지는지도 모른다.

"프랭클 박사님. 박사님 책이 정말로 베스트셀러가 됐습니다. 이 성공을 어떻게 생각하세요?"

나의 대답은 이렇다. 우선, 우리 시대의 불행을 기록한 이 책이 베스트셀러가 됐다는 것이 나로서는 그렇게 대단한 성과나 성공이라고 생각하지 않는다. 하지만 수많은 사람들이 삶의 의미에 대한 문제를 다룰 것으로 보이는 제목의 책을 선택했다는 것은, 이것이 그만큼 사람들에게 절박한 문제라는 사실을 알려 준다.

이 책이 수많은 사람에게 영향을 준 데에는 또 다른 이유도 있다. 책 뒷부분에 다룬 2부의 내용 덕분이다. '2부 로고테라피의 기본 개념'은 이론적인 내용을 다루지만, 자전적인 이야기를 기록한 '1부 강제 수용소에서의 체험'에서 얻을 수 있는 교훈을 요약한 것이다. 그렇게 이 책의 1부와 2부는 서로의 근거와 보완이 되고 있다.

1945년 처음 책을 쓸 때 나는 2부에 대한 아무런 생각이 없었다. 처음 9일 동안 줄곧 그랬으며, 책도 익명으로 내겠다고 굳게 마음먹고 있었다. 실제로 이 책의 독일어 초판본 표지에는 내 이름이 없다. 하지만 초판이 출간되기 바로 전, 적어도 속표지에는 이름이 들어가야 하지 않겠느냐는 친구의 권유를 받아들였다. 이름도 없이 쓰려 했던 이 책이 내게 어떤 문학적인 명성을 가져다줄 것이라고는 전혀 기대하지 않았다. 단지 원했던 것은 독자에게 어떤 상황에서도, 심지어는 가장 비참한 상황에서도 삶이 잠재적인 의미를 가지고 있다는 사실을 구체적인 예로 전달하는 것이었다. 만약 강제 수용소와 같은 극단적인 상황에서 이것이 밝혀진다면 사람들이 내 말에 귀를 기울일 거라고 생각했다. 나는 그동안 겪은 일을 기록할 책임을 느꼈다. 그게 절망에 빠진 사람들에게 도움이 될 거라고 생각했기 때문이다.

이름 없이 출판하려고 했고, 내 명성에 별다른 도움이 안 될 거라고 여겼던 바로 이 책이 내가 쓴 어떤 다른 책들보다도 더 큰 성공을 거두었다는 것은 참 이상하고도 놀라운 일이다.

평소 나는 학생들에게 자주 이렇게 말한다.

"성공을 목표로 삼지 말라. 성공을 목표로 삼고, 그것을 표적으로 하면 할수록 그것에서 더욱더 멀어질 뿐이다. 성공은 행복과 마찬가지로 찾을 수 있는 것이 아니라 찾아오는 것이다. 행복은 반드시 찾아오게 되어 있으며, 성공도 마찬가지이다. 그것에 무관심해서 저절로 찾아오도록 해야 한다. 여러분이 양심의 소리에 귀를 기울이고, 그 소리에 따라 확실하게 행동하기를 바란다. 그러면 언젠가는, 정말 언젠가는! 성공이 찾아온 것을 보게 될 날이 올 것이다. 왜냐하면 여러분이 성공을 잊어버리고 있었기 때문이다."

오스트리아가 히틀러에게 점령당하고 무슨 일이 벌어질지 뻔히 알면서 왜 탈출하지 않았냐고 묻는다면, 나는 다음 이야기로 답을 대신하겠다. 미국이 제2차 세계 대전에 참전하기 바로 전, 빈에 있는 미국 대사관에서 이민 비자를 받으러 오라는 연락을 받았다. 나이 든 부모님은 내가 곧 오스트리아를 떠날 수 있을 거란 생각에 몹시 기뻐하셨다. 그러나 순간 나는 망설여졌다. 부모님을 홀로 두고 떠날 수 있을까? 강제 수용소, 아니 죽음의 수용소라 불리는 곳으로 갈 운명에 놓인 그들을 두고 정말 떠날 수 있을까? 무엇이 내 의무일까? 글을 계속 쓸 수 있을 풍요로운 땅으로 가서 내 정신적 자식인 로고테라피를 살릴까? 여기서 부모님을 위해 무슨 일이라도 하며 현실의 자식으로서 책임을 질까? 이리저리 고민했지만 답을 찾지 못했다. 이

것이야말로 '하늘로부터의 계시'를 바라게 되는 딜레마였다.

그때, 탁자 위에 놓인 대리석 조각이 보였다. 아버지에게 그게 뭐냐고 묻자, 국가사회주의자(나치당)들이 빈에서 가장 큰 유대교회당을 불태운 자리에서 주워 온 것이라고 했다. 십계명을 쓴 대리석의 조각이어서 집에 가져왔다는 거였다. 히브리어 글자 하나가 금색으로 새겨져 있었는데, 이 글자가 계명 중 하나라고 말씀하셨다. "그게 무슨 계명인데요?" 내가 묻자 아버지가 대답했다. "네 부모를 공경하라. 그리하면 네 하나님 여호와가 네게 준 땅에서 네 생명이 길리라." 그 순간 나는 아버지 어머니와 함께 그 땅에 머물기로 결심하고 미국 비자를 흘려보냈다.

빅터 프랭클
1992년 오스트리아 빈에서

1부_ 강제 수용소에서의 체험

2부_ 로고테라피의 기본 개념

1부_ 강제 수용소에서의 체험

수용소에 갇힌 평범한 사람들의 이야기

이 책은 객관적인 사실이나 사건을 적은 보고서는 아니다. 개인의 경험, 다시 말하자면 수백만 명 사람이 시시때때로 맞닥뜨렸던 경험에 관한 기록이다. 한 생존자가 들려주는 강제 수용소 안의 이야기이기도 하다.

이 이야기는 그동안 너무나 많이 들었던 — 믿는 사람은 별로 없는 것 같지만 — 끔찍한 공포가 아니라 수많은 사람들이 겪었던 작은 고통들을 다루려는 것이다. 바꿔 말하면 '강제 수용소에서의 일상은 평범한 수감자들의 마음에 어떻게 반영됐을까?' 하는 질문에 대한 답이 될 것이다.

여기 나오는 이야기 대부분은 규모가 크고 이름난 수용소에서 있었던 일이 아니다. 대량 학살이 실제로 이루어진 소규모 수용소의 이야기다. 이 책은 위대한 영웅이나 순교자의 고난과 죽음을 다루지도 않고, 관리인처럼 행세하며 특권을 누린 카포*들이나 유명한 수감자를 말하려는 것도 아니다. 저명인사의 시련 같은 게 아니라 이름도 없이, 기록도 없이 죽어 간 수많은 사람의 희생과 시련, 죽음을 말하려 한다. 소매에 신분을 구별하는 특별한 표시조차 달지 못한 채 카포들에게 멸시당했던 평범한 수감자들 말이다.

수감자를 감시하는 수감자, 카포

평범한 수감자들에게 먹을 게 거의 없거나 아예 떨어져 버렸을 때에도 굶지 않는 사람이 있었다. 바로 카포였다. 그들 인생 전체를 놓고 보면, 카포들은 오히려 수용소에 있을 때 영양 섭취를 가장 잘했다. 수감자들을 감시하는 병사보다도, 나치 대원보다도 더 가혹하고 악질스러웠던 게 바로 카포였다. 물론 카포도 평범한 수감자였다. 수감자 가운데 다른 수감자를 감시하는 일을 잘할 수 있다고 인정되면 카포로 뽑혔고, 기대했던 대로 일을 잘 해내지 못하면 바로 쫓겨났다.

카포가 된 사람들은 금세 나치 대원이나 감시병들을 닮아 갔다. 그래서 그들을 판단하려면 나치 대원이나 감시병과 비슷한 정신 상태였다는 걸 고려해야 한다.

---

* **카포** 수감자 중에서 다른 수감자의 감시인이 된 사람들

도덕도 윤리도 없는 살아남기 위한 싸움

수용소를 겪어 보지 못한 사람들은 그 안에서의 생활을 감상이나 연민 같은 분위기로 오해하기 쉽다. 수감자 사이에서 벌어졌던 치열한 생존 싸움이 어떤 것인지 전혀 상상하지 못할 거다. 매일의 빵과 목숨을 위해, 자기 자신과 사랑하는 친구를 구하기 위해 피비린내 나는 투쟁을 벌였다.

수감자 가운데 얼마를 다른 수용소로 이동시킨다는 발표가 났을 경우를 떠올려 보자. 사람들은 최종 목적지가 당연히 가스실*일 것으로 짐작한다. 수감자 가운데 병에 걸렸거나 몸이 쇠약해져 일할 수 없는 사람들을 뽑아 가스실과 화장터가 있는 큰 수용소로 보내는 일이 종종 있기 때문이다. 이들을 뽑는 과정은 수감자들이나 수감자 집단과 집단이 서로 치고받고 싸우게 되는 원인이 된다. 어떻게 해서든 명단에서 자기 이름이나 친구 이름을 지워야 하기 때문이다. 한 사람을 구하면 다른 사람이 희생된다는 것을 뻔히 알면서도 말이다.

실어 가는 사람 수는 정해져 있었다. 수감자에게는 모두 번호가 있었고, 수감자 한 사람 한 사람은 번호 그 이상은 아무것도 아니었다. 그러니 누가 실려 가느냐도 별로 문제가 되지 않았다. 수용소로 들어올 때 — 적어도 아우슈비츠**에서는 그랬다 — 수감자 신상이 적힌 모든 서류는 소지품과 함께 압수당했다. 그래서 수감자는 가짜 이름이나 직업을 댈 수 있었으며, 여러 가지 이유로 실제로 그렇게 말하는 사람이 많았다. 수용소에서 관심을 가진 건 단지 잡혀 온 사람들의 번호뿐이었다. 번호는 수감자의 살갗에 문신으로 새겨지기도 했고, 바지나 윗도리, 외투에 수놓아지기도 했다. 감시병이 어떤 수감자를 벌주겠다고 마음먹으면 그저 번호를 힐끗 보기만 하면 됐다. 그 눈초리를 얼마나 무서워했던지! 그는 절대 이름을 묻지 않았다.

곧 끌려가게 될 수감자 이야기로 다시 돌아오자. 수감자들은 도덕이나 윤리를 떠올릴 여유가 없고, 그러고 싶은 생각도 없다. 모두 오로지 한 가지 생각에만 사로잡혀 있다. 집에서 기다리고 있는 가족을 위해 살아남아야 한다, 끌려갈지 모르는 친구의 목숨을 구해야 한다, 그 생각뿐이다. 그래서 아무 주저함 없이 다른 사람, 그러니까 다른 '번호'를 명단에 집어넣는다.

앞에서도 말했지만, 카포를 뽑는 기준은 인간의 부정적인 면이었다. 수감자 중에서 가장 성질이 난폭한 사람이 카포를 맡았다(운이 좋으면 가끔 그렇지 않을 때도 있었다). 나치 대원이 카포를 뽑는 것과 달리, 수감자들 스스로가 계속해서 카포를 뽑기도 했다.

이 수용소에서 저 수용소로 몇 년씩 끌려다니며 치열한 생존 경쟁을 벌이다 보면, 결국 양심이라고는 눈곱만큼도 찾아볼 수 없는 사람들만 살아남게 마련이다. 그들은 수단과 방법을 가리지 않았다. 자기

※ **가스실** 수감자들을 녹가스로 죽이는 방
※※ **아우슈비츠**Auschwitz 제2차 세계 대전 때 400만 명 넘은 유대인과 폴란드인이 학살된 악명 높은 나치의 강제 수용소. 폴란드에 있으며 아우슈비츠-비르케나우라고도 불린다.

목숨을 지키려 잔인하게 폭력을 휘둘렀고, 도둑질을 일삼았다. 심지어 친구까지 팔아넘겼다. 운이 아주 좋아서였든지 기적이 일어나서였든지, 살아 돌아온 우리는 알고 있었다. 우리 가운데 정말 괜찮은 사람들은 돌아오지 못했다는 것을 말이다.

강제 수용소를 겪은 사람만 아는 내밀한 체험

강제 수용소에서 일어난 일을 기록한 글은 정말 많다. 그러나 이 책에서는 실제 일어난 일 가운데 한 개인의 체험과 관련된 것만 중요한 의미로 다루겠다. 내가 여기서 밝히고자 하는 것은 이 체험의 본질이 명확히 무엇인가 하는 것이다.

수용소 생활을 겪은 사람들의 체험을 오늘의 시각으로 설명하려고 한다. 그곳에서 살아 돌아온 사람들, 비록 적은 수이기는 하지만 사는 데 여전히 어려움을 겪고 있는 사람들이 당했던 일을 쓰겠다. 수용소를 겪지 않은 사람들이 그들을 이해할 수 있도록 말이다.

수용소에 있었던 사람들은 말한다.

"우리가 겪었던 일을 얘기하고 싶지 않아요. 그 안에 있었던 사람들에게는 더 이상의 설명은 필요 없어요. 밖에 있던 사람들은 우리가 그때 무엇을 느꼈는지, 지금은 무엇을 느끼고 있는지 잘 모를 겁니다."

이 주제를 논리정연하게 설명하는 것은 매우 어려운 일이다. 정신

의학에서는 과학적인 객관성이 필요하다. 하지만 자기 자신이 수감자로 갇혀 있으면서 이 모든 것을 목격한 사람이 과연 객관적인 시각을 가질 수 있을까? 밖에 있었던 사람들이라면 공정한 시각은 가질 수 있겠지만 그들의 말은 진정한 가치와는 동떨어져 있을 것이다. 오로지 수용소 안에 있었던 사람만이 안다. 그의 판단이 객관적이지 못할 수도, 그의 평가가 지나칠 수도 있다. 하지만 이것은 불가피하다. 개인적인 편견을 버려야 하는데, 바로 그게 이런 종류의 책이 가진 어려움이다.

지극히 내밀한 체험을 털어놓는 데 때론 용기도 필요했다. 나는 이 책에 내 수감 번호만 쓴 다음, 익명으로 출간하려고 했다. 그러나 원고를 완성했을 때, 익명으로 책을 낸다면 이 책이 지닌 가치의 절반을 잃게 된다는 것을 깨달았다. 내 신념을 공개적으로 이야기하려면 용기를 가져야 했다. 나를 드러내는 게 정말 싫었지만 문장 하나도 빼놓지 않으려고 세심하게 주의를 기울였다.

이 책의 내용에서 객관적인 이론을 이끌어 내는 건 다른 사람의 몫으로 남겨두겠다. 이 내용은 제1차 세계 대전 다음부터 연구가 시작돼 '철조망병 증후군'으로 널리 알려진 감옥 생활의 정신 의학에 도움이 될 것이다. 제2차 세계 대전으로 우리는 '집단정신 병리학'에 대한 이해의 폭을 훨씬 넓혔다. 이 전쟁이 사람들에게 강제 수용소와 신경 과민 상내를 성험하게 해 주었기 때문이다.

수감자가 담배를 피운다는 의미

이 이야기는 평범한 수감자였던 나 자신의 체험을 기록한 것이다. 자랑할 일은 아니지만, 나는 수용소에서 마지막 몇 주를 빼고는 정신 의학자 노릇은 물론이고, 의사 노릇도 하지 않았다. 내 동료 중에는 비록 난방이 형편없긴 해도 응급 구호실에 있으며, 휴지 조각으로 붕대를 만드는 행운을 누린 사람도 있었다. 나는 그저 119, 104번일 뿐이었다. 대부분 시간을 철로에서 땅을 파고 선로를 설치했다. 도로 밑에 수도관을 묻으려고 다른 사람 도움 없이 혼자서 굴을 판 적도 있었다.

이렇게 일하고 보수도 받았다. 1944년 성탄절 바로 전에는 특별 쿠폰이라는 선물을 받았다. 이 표는 우리를 팔려 온 노예처럼 부린 건설 회사가 발행한 것이었다. 건설 회사는 수용소에 수감자 한 사람당 얼마의 하루치 보수를 주었다. 표 한 장은 50페니히*였다. 그 표를 대개 몇 주 모으면 담배 여섯 개비로 바꿀 수 있었다. 가끔 유효 기간이 지나 표를 못 쓰게 될 때도 있었다. 나는 무려 담배 열두 개비를 바꿀 수 있는 표를 모은 적이 있다. 중요한 것은 이 담배를 수프 열두 그릇과 바꿀 수 있다는 사실이었다. 수프 열두 그릇이면 한동안은 굶주림의 고통에서 벗어날 수 있었다.

실제로 담배를 피는 특권은 카포에게만 있었다. 카포는 일주일에 한 번, 일정한 양의 담배를 배급받았다. 창고나 작업장의 감독처럼 위험한 일을 한 사람들에게 대가로 담배 몇 개비를 주는 경우도 있었다. 그 밖의 사람들은 담배를 피우지 않았다. 단, 예외가 있다면 살아갈 의욕을 잃었거나 남은 생의 마지막 순간을 그저 '즐기려는' 사람들이었다. 어느 날 동료가 담배 피우면 우리는 그가 자신을 지탱할 힘을 잃어버린 것으로 여겼다. 일단 그 믿음을 잃으면 살고자 하는 의지를 다시 불러오기는 힘들었다.

정말로 아우슈비츠에 도착하다

수많은 수감자가 직접 보고 경험한 것을 기록한 방대한 자료를 조사해 보면, 수용소 생활 수감자의 심리 반응은 크게 세 단계로 나누어진다. 첫 번째 단계는 수용소에 들어온 바로 다음이고, 두 번째 단계는 틀에 박힌 수용소 일과에 적응했을 때, 세 번째 단계는 석방돼 자유를 얻은 다음이다.

첫 번째 단계의 특징은 충격이다. 어떤 사람은 수용소에 들어가기 전에 경험하기도 한다. 그 예로 내가 수용소로 들어갔을 때를 이야기해 보겠다.

사람들 1,500명이 기차를 타고 며칠 밤낮을 계속 달렸다. 열차 한 칸에는 80명이 타고 있었다. 사람들은 마지막 남은 소지품을 담은 짐꾸러미 위에 누워 있었다. 열차 안이 얼마나 꽉 찼는지 창문 위쪽으

※ **페니히** 옛날 독일의 화폐 단위

로 겨우 잿빛 새벽의 기운이 들어올 뿐이었다. 모두들 이 기차가 군수 공장으로 가는 것이기를 바랐다. 강제 노역이나마 일을 할 수 있을 테니 말이다. 우리는 기차가 아직 슐레지엔*에 있는지 아니면 벌써 폴란드로 들어왔는지 몰랐다. 겁먹은 듯한 기적 소리가 기분 나쁘게 울렸다. 마치 파멸할 운명에 놓인 불행한 짐꾸러미들을 불쌍히 여겨 도와달라는 울부짖음을 하늘로 올려 보내는 것 같았다.

잠시 뒤 기차가 덜컹거리며 옆 선로로 들어갔다. 종착역이 가까워진 것이 분명했다. 바로 그때 불안에 떨던 사람들 틈에서 울부짖음이 들려 왔다.

"아우슈비츠야. 저기 팻말이 있어."

순간 모든 사람들의 심장이 멈췄다. 아우슈비츠! 가스실, 화장터, 대학살. 그 모든 공포를 불러일으키는 이름, 아우슈비츠! 기차는 망설이는 것처럼 천천히 움직였다. 불쌍한 우리를 어떻게 해서든 아우슈비츠라는 끔찍한 현실로부터 구해 내고 싶다는 듯이…….

새벽이 되자 거대한 수용소의 윤곽이 드러나기 시작했다. 길게 뻗어 있는 겹겹의 철조망 담장, 감시탑, 탐조등. 그리고 희뿌연 새벽빛속에 어딘지도 모를 목적지를 향해 뻗은 황량한 길을 따라 질질 끌려가는 초라하고 누추한 사람들의 행렬. 고함과 호루라기 소리가 한번씩 들려왔다. 그것이 무엇을 뜻하는지 아무도 알지 못했다. 나는 사람들이 대롱대롱 매달려 있는 교수대를 상상했다. 소름이 끼쳤다. 하지만 이건 괜찮은 편이었다. 그 뒤로 점점 더 끔찍하고 엄청난 공포와 만나야 했기 때문이다.

마침내 우리는 역 안으로 들어갔다. 고함치는 명령이 고요함을 깨뜨렸다. 그 뒤 우리는 모든 수용소에서 그 거칠고 날카로운 고함을 끊임없이 듣고 또 들었다. 그 소리는 마치 희생자의 마지막 비명 같았다. 조금 다른 점이 있기는 했다. 그들의 목에서 컥컥거리며 나오는 쉰 목소리는 칼에 찔리고 또 찔려서 죽어 가는 사람이 비명을 지르지 않으려고 애쓸 때 나오는 소리와 비슷했다.

열차 문이 열리자 몇 사람이 안으로 뛰어 들어왔다. 모두 줄무늬 죄수복을 입고 머리를 깎았지만 영양 상태는 좋아 보였다. 유럽 여러 나라의 말을 쓸 줄 알았고, 우스갯소리를 던지는 사람도 있었다. 이런 상황에서 그게 아주 기괴하게 느껴졌다. 원래 성격이 낙천적인(아무리 절망적인 상황에서도 나는 감정의 평온을 잊지 않으려고 노력해 왔다) 나는 지푸라기라도 잡는 심정으로 이렇게 생각했다.

'이 사람들은 아주 신수가 훤하군. 괜찮은 사람들처럼 보여. 심지어 웃기까지 하잖아. 누가 알아. 나도 저 사람들처럼 괜찮은 처지가 될지.'

---

* **슐레지엔**Silesia 체코, 폴란드, 독일 사이에 있는 지역. 세 나라가 번갈아 가면서 지배했다.

집행 유예를 받을지도 모른다는 환상

정신 의학에서는 '집행 유예 망상'이라고 부르는 상태가 있다. 사형 선고를 받은 죄수가 처형 직전에 집행 유예를 받을지도 모른다는 망상을 하는 것이다. 우리도 마찬가지였다. 실낱같은 희망에 매달려 마지막 순간이 그리 나쁘지는 않을 거라고 믿었다. 통통한 얼굴에 뺨이 불그레한 그들을 보는 순간 큰 용기를 얻었다. 그들이 수감자 가운데에서 특별히 뽑힌 사람들임을 몰랐던 것이다. 수년 동안 매일같이 이 역에 들어오는 사람들을 맞이하는 접대반이라는 사실을 그때는 전혀 몰랐다.

접대반원들은 새로 들어온 사람과 그들의 짐을 처리했다. 귀한 물건이나 몰래 가지고 들어온 보석은 압수했다. 전쟁의 막바지 몇 년 동안 아마 아우슈비츠는 유럽에서 가장 희한한 곳이었을 것이다. 수용소의 대형 창고는 물론이고 나치 대원들의 손에도 금, 은, 백금, 다이아몬드와 같은 값비싼 보석들이 넘쳐났을 테니 말이다.

1,500명이나 되는 사람들이 기껏해야 200명 정도밖에 들어갈 수 없는 가축우리 같은 열차에 구겨 넣어져 왔다. 우리는 추위와 굶주림에 시달렸다. 바닥에 드러눕기는커녕 쭈그려 앉을 자리조차 없었다. 나흘 동안 받은 양식이라고는 5온스(약 140그램)짜리 빵 한 개가 전부였다. 그런 상황에서 나는 열차를 책임지는 고참 수감자가 백금과 다이아몬드로 된 넥타이핀을 놓고 한 접대반원과 흥정하는 소리를 들었다. 그들은 이렇게 번 돈으로 '슈냅스'라는 술을 사는 데 거

의 다 썼다.

'즐거운 저녁 한때'를 보내기 위해 슈냅스를 사는 데 몇천 마르크[*]의 돈이 필요했는지 지금은 기억나지 않는다. 하지만 장기수들에게 슈냅스가 왜 필요한지는 안다. 그런 상황에서 술로 자기 자신을 마취시키고 싶어 하는 것을 누가 뭐라고 할 수 있을까?

수용소 안의 사람 중에는 나치 대원에게서 무제한으로 술을 얻는 사람도 있었다. 바로 가스실이나 화장터에서 일하는 사람이었다. 그들은 언젠가 자기들이 다른 사람으로 교체될 것이라는 사실을 잘 알고 있었다. 어쩔 수 없이 사형 집행자 노릇을 하다가 곧 다른 사람에게 그 일을 넘겨주고, 자기도 똑같은 희생자가 될 거라는 것을 말이다.

같이 열차를 타고 온 사람들 거의 모두가 언젠가는 자기에게 집행 유예가 내려질 것이며, 모든 일이 잘 풀릴 것이라는 환상을 품고 있었다. 곧 눈앞에 펼쳐질 장면 속에 어떤 의미가 숨어 있는지 아무도 몰랐다. 우리는 짐을 모두 열차 안에 두고 내린 다음, 두 줄(한 줄은 남자, 한 줄은 여자)로 서라는 명령을 받았다. 친위대 장교에게 검열을 받아야 했기 때문이다.

그때 나는 용감하게도 빵 봉지를 외투 속에 감추고 있었다. 내 줄에 있는 사람들이 한 명씩 장교 앞을 지나갔다. 만약 그 장교가 빵 봉

※ **마르크** 옛날 독일의 화폐 단위. 1마르크는 1페니히의 100배

지를 발견하기라도 하면 엄청난 위험에 처할 것이다. 최소한 주먹을
날려 나를 쓰러뜨리겠지. 경험으로 나는 이미 잘 알고 있었다. 장교
가 가까워지자 나는 본능적으로 몸을 똑바로 세웠다. 빵 봉지가 있다
는 것을 알아차리지 못하도록 하기 위해서였다.

삶과 죽음을 가르는 손가락

드디어 장교와 마주 보고 섰다. 장교는 마른 체격에 키가 크고 군복
이 꽤 잘 어울렸다. 그 말쑥함과 달리 오랜 여행에 지친 우리는 더욱
초라해 보였다. 그는 왼손으로 오른쪽 팔꿈치를 받친 채 무심하고 편
안한 표정을 지었고, 오른손을 들고 집게손가락으로 아주 느리게 오
른쪽 혹은 왼쪽을 가리켰다. 하지만 손가락으로 왼쪽 혹은 오른쪽을
— 대개는 왼쪽이지만 — 가리키는 이 행동에 어떤 무서운 의미가 깔
려 있는지 아는 사람은 한 명도 없었다.

마침내 내 차례가 됐다. 누군가 내게 귓속말로 오른쪽은 작업실행
이고, 왼쪽은 병들고 일할 수 없는 사람들이 가는 특별 수용소행이
라고 알려 주었다. 내가 어디로 갈지는 그저 기다리는 수밖에 없었
다. 이것은 앞으로 통과해야 할 수많은 관문 가운데 첫 번째일 뿐이
었다. 외투 속에 감춘 빵 봉지 때문에 몸이 왼쪽으로 약간 기울어졌
지만 똑바로 걸으려고 노력했다. 친위 대원이 그걸 보고는 약간 망설
이는 듯했다. 그가 내 어깨에 손을 올렸다. 나는 될 수 있는 대로 민

첨하게 보이려고 애를 썼다. 그가 오른쪽을 똑바로 바라보도록 어깨를 돌렸다. 그래서 나는 오른쪽으로 가게 됐다.

그날 저녁에야 손가락의 움직임에 숨어 있던 깊은 뜻을 알게 됐다. 우리가 경험한 최초의 선별, 삶과 죽음을 가르는 첫 번째 판결이었다. 함께 들어온 사람의 90퍼센트가 죽음을 선고받았다. 판결은 채 몇 시간도 못 돼 집행됐다. 왼쪽으로 간 사람들은 역에서 곧바로 가스실로 갔다. 거기서 일하는 사람에게 들은 바로는 가스실 문에는 유럽 여러 나라 말로 '목욕탕'이라고 쓰여 있다고 한다. 가스실로 들어가기 전, 사람들은 비누를 한 조각씩 받았다. 그다음에 일어난 일을 자세히 쓸 필요는 없을 것이다. 그 끔찍한 사건을 기록해 놓은 글은 너무나 많으니까.

수용소로 실려 온 사람 가운데 정말 얼마 안 되는 우리 생존자들은 저녁이 되어서야 진상을 알게 됐다. 나는 먼저 와 있던 사람에게 내 동료와 친구 P가 어디로 간 건지 물었다.

"그 친구가 왼쪽으로 갔습니까?"

"네."

내가 대답했다.

"그렇다면 아마 저기로 갔을 거요."

ㄱ가 말했다.

"어디요?"

그가 손가락을 들어 몇백 야드* 떨어진 곳에 있는 굴뚝을 가리켰

다. 굴뚝은 폴란드의 회색빛 하늘 위로 불기둥을 내뿜고 있었다. 불
기둥은 곧 불길한 연기구름으로 변했다.

"당신 친구가 간 곳이 바로 저기요. 아마 지금쯤 하늘 위로 올라가
고 있을 겁니다."

그가 쉬운 말로 사실을 이야기해 줄 때까지 나는 그 말을 알아듣
지 못했다.

이제 남은 건 벌거벗은 몸뚱이뿐

이야기를 다시 뒤로 돌려 보자. 역에 도착한 날 새벽부터 수용소에
서 첫 밤을 맞을 때까지 우리는 길고 긴 심리적 단계를 거쳤다. 장전
된 총을 가진 나치 대원들은 우리를 기차역에서부터 뛰게 했다. 우
리는 고압 전류가 흐르는 철조망을 지나 수용소를 가로질러 목욕실
까지 뛰어갔다.

첫 번째 선별 관문을 무사히 통과한 우리에게 정말로 목욕할 수 있
는 기회가 왔다. 집행 유예가 될 거라는 환상을 확인하는 순간이었
다. 나치 대원들도 우리를 잘 대해 주었다. 그 이유는 곧 알게 됐다.
우리가 찬 손목시계를 보고는 그걸 달라고 친절하게 말하는 거였다.
그래도 나는 생각했다.

---

* **야드** 1야드는 약 91센티미터

'어차피 가진 건 다 내놓아야 하잖아. 저렇게 좋은 사람들인데, 시계를 가질 수도 있지. 언젠가는 보답으로 돌아올 거야.'

우리는 가축우리 같은 방에서 기다렸다. 소독실로 가기 전에 기다리는 방이었다. 나치 대원이 오더니 담요를 펼쳤다. 우리는 가지고 있던 소지품과 시계, 보석들을 거기로 모두 던졌다. 결혼반지나 메달, 행운의 마스코트 같은 건 가지고 있어도 되냐고 묻는 순진한 사람도 있었다. 일하러 와 있던 고참 수감자가 이 말을 듣고는 웃었다. 가진 건 모두 압수라는 걸 그때만 해도 아무도 몰랐던 것이다.

어느 고참 수감자에게 나도 비밀을 털어놓기로 했다. 그에게 살며시 다가가 외투 안주머니에 있는 원고 뭉치를 보여 주면서 말했다.

"보세요. 이건 과학책 원고입니다. 뭐라고 하실지 잘 알아요. 목숨을 건진 것만도 다행이라는 것을 알아요. 더 이상의 운을 기대해서는 안 된다는 것도요. 그렇지만 어쩔 수 없습니다. 무슨 수를 써서라도 이 원고를 지켜야 해요. 일생 동안 심혈을 기울여 연구한 것이 여기에 다 들어 있다고요. 이해하세요?"

그렇다. 그는 이해하는 듯했다. 희미한 미소가 그의 얼굴에 번져 나갔다. 처음에는 동정 어린 빛을 띠더니 점점 장난스러운 웃음으로 바뀌었다. 이 웃음은 경멸과 비웃음으로 다시 바뀌었고, 한마디 내뱉었다. 앞으로 수용소에서 늘 듣게 될 단어였다.

"빌어먹을 놈!"

그 순간 진실의 실체를 보았다. 그리고 심리적 반응의 제1단계를 특징짓는 감정, 다시 말해 충격을 경험했다. 지금까지의 내 인생 전부를 빼앗겼다.

갑자기 사람들 사이에서 동요가 일어났다. 창백하고 겁에 질린 표정으로 서서 무기력하게 수군거렸다. 다시 목쉰 듯한 고함이 들렸다. 우리는 주먹으로 얻어맞으며 목욕탕 대기실로 들어갔고, 거기서 우리를 기다리던 나치 대원 앞으로 모였다. 곧이어 그가 입을 열었다.

"앞으로 2분을 주겠다. 내 시계로 시간을 잴 것이다. 2분 동안 입고 있는 옷을 모조리 벗어서 가지고 있는 물건과 함께 자기 자리에 내려놓도록. 신발과 머리띠, 멜빵과 탈장대를 제외한 모든 것을 벗는다. 자 시작."

사람들은 상상할 수 없을 정도로 빠르게 옷을 벗었다. 초조해서인지 얼마 지나지 않아 내복과 허리띠, 구두끈을 잡아당기는 손이 서툴러지기 시작했다. 그러자 처음으로 채찍 소리가 들렸다. 가죽 채찍이 벌거벗은 몸뚱이를 사정없이 때렸다.

이어서 우리는 다른 방으로 옮겨졌다. 머리털뿐만 아니라 몸에 난 털이란 털은 모조리 다 깎았다. 그런 다음 샤워를 하려고 다시 줄을 섰다. 서로를 거의 알아볼 수 없을 정도였다. 샤워기에서 진짜로 물이 나오는 것을 보고 안도의 한숨을 쉬는 사람도 있었다.

샤워할 차례를 기다리는 동안, 벌거벗고 있는 우리의 현실을 뼈저리게 느꼈다. 이제 벌거벗은 몸뚱이 말고는 아무것도 가진 것이 없는 처지였다. 털 한 오라기조차도 남아 있지 않았다. 갖고 있는 거라곤 글자 그대로 나라는 벌거벗은 실존뿐이었다. 그동안의 삶과 지금을 연결시키는 남은 물건이 과연 있을까? 나에게 남은 것은 안경과 벨트가 전부였다. 나중에는 벨트마저도 빵 한 조각과 바꾸어 먹고 말았다.

탈장대를 두른 사람들에게 다시 작은 동요가 일었다. 그날 저녁, 임시 막사의 고참이 찾아와 경고했다. 탈장대 속에 돈이나 귀금속을 숨겨 놓은 사람이 있다면, 그 사람의 목을 자기가 직접 대들보에 매달겠다고 했다. 그러고는 손가락으로 대들보를 가리키며 수용소 규칙에 따라 자기는 그럴 수 있는 권리가 있다고 자랑스럽게 말했다.

신발 문제도 간단하지 않았다. 물론 자기 신발을 신어도 된다고는 했다. 하지만 신기 편하고 좋은 신발은 으레 빼앗겼고, 대신 발에 맞지 않는 신발을 신어야 했다. 진짜로 곤욕을 치른 건 대기실에서 고참의 친절한 충고를 그대로 따른 사람들이었다. 고참이 시킨대로 그들은 부츠 윗부분을 칼로 잘라내고, 칼자국을 없애려고 자른 곳을 비누로 문질렀다. 나치 대원들은 그들이 마치 그렇게 하기를 기다리기라도 한 것 같았다. 그런 짓을 했다고 의심되는 사람들은 모두 조그만 옆방으로 들어가야 했다. 잠시 뒤 채찍 휘두르는 소리와 고통에 찬 비명이 흘러나왔다. 이번에는 그 소리가 아주 오랜 시간 이어졌다.

이런 일을 당하면서 환상은 하나둘씩 차례로 무너졌다. 그다음 우리는 — 이것은 전혀 예상하지 못했던 일인데 — 암울한 유머 감각이 생겼다. 우스꽝스럽게 벌거벗겨진 몸뚱이 말고는 잃을 게 아무것도 없다는 사실을 깨달은 것이다. 샤워기에서 물이 쏟아지기 시작했을 때, 우리는 자신은 물론이고 서로를 재미있게 해 주려고 그야말로 안간힘을 썼다. 어쨌든 샤워기에서 정말로 물이 시원하게 쏟아지고 있지 않은가!

위기 속에서 찾아온 궁금증

이런 이상한 유머 말고도 우리를 사로잡는 또 다른 감각이 있었다. 바로 궁금증이었다. 이전에도 어떤 낯선 상황 속에서 제일 먼저 궁금증이 찾아오는 걸 경험한 적이 있었다. 산을 오르다 사고로 목숨이 위태로운 상황에 놓였는데, 순간 가장 먼저 궁금증이 생긴 것이다. 이 위기에서 살아날 수 있을까? 머리뼈가 박살 나 버리는 걸까? 다치게 된다면 그건 어디일까? 이런 것이었다.

냉정할 정도의 궁금증이 아우슈비츠에서도 뚜렷하게 찾아왔다. 주변 환경에서 자기 마음을 어느 정도 떨어뜨려 놓아서 어떤 일을 객관적으로 보게 했다. 수용소에서 사람들은 자신을 보호하기 위해 이런 식으로 마음가짐을 가꾸었다. 다음에는 무슨 일이 벌어질까? 그 끝은 어떻게 될까? 모두 무척이나 궁금해했다.

쌀쌀해진 늦가을에 샤워를 하고는 물이 마르지 않은 채 밖에 서 있었던 적이 한번 있었다. 우리는 그다음 어떤 일이 벌어질지 몹시 궁금해했다. 그리고 며칠 후 궁금증은 놀라움으로 바뀌었다. 우리 가운데 누구도 감기에 걸리지 않았기 때문이다.

인간은 어떤 환경에도 적응한다

수용소 사람들은 이와 비슷한 놀라운 경험을 많이 했다. 나 같은 의학도가 수용소에서 제일 먼저 안 것은 그동안 공부했던 '교과서가 모두 거짓'이라는 사실이었다. 교과서에서는 사람이 일정 시간 이상 잠을 자지 않으면 죽는다고 한다. 완전히 틀린 말이었다. 그때까지 나는 할 수 없는 일이 세상에 분명히 있다고 생각했다. 이것이 없으면 잠을 잘 수 없다거나, 저것이 있으면 살 수 없다거나 하는 식으로 말이다.

아우슈비츠에 도착한 첫날 밤, 우리는 여러 층으로 된 침상에서 잠을 잤다. 각 층(길이 6.5피트에 폭이 8피트*)마다 무려 9명이나 되는 사람들이 함께 잤다. 9명이 덮는 담요는 단 두 장이었다. 그래서 옆으로 누울 수밖에 없었고, 서로 꼭 붙은 채 몸을 비비면서 잠을 자야 했다. 날이 몹시 추웠기 때문에 이렇게 자는 것이 더 나았다.

잠자리에는 신발을 갖고 들어올 수 없었지만, 어떤 사람들은 흙이 떡고물처럼 묻은 신발을 몰래 갖고 들어와서 베개처럼 베고 잠을 잤다. 그렇지 않으면 뼈만 앙상하게 남은 팔을 베고 잠자야 했다. 신기하게도 잠이 밀려왔다. 비록 몇 시간 동안이지만 잠은 우리가 고통을 잊고 편히 쉴 수 있게 해 주었다.

우리가 얼마나 많은 것을 견뎌 냈는지 보여 주는 놀라운 일 몇 가지를 더 들어 보겠다. 수용소에서는 이를 닦을 수 없었고, 모두 심각한 비타민 결핍증에 시달리고 있었다. 하지만 잇몸은 그 어느 때보다도 건강했다. 셔츠 한 벌을 반년 동안 입어야 해서 옷은 형체를 알아볼 수 없을 정도였다. 수도관이 얼어붙어 세수를 못할 뿐 아니라 손하나 제대로 씻을 수가 없었다. 하지만 흙일을 하다가 상처가 생겨도 — 동상에 걸린 경우만 빼면 — 곪는 법이 없었다.

수용소로 들어오기 전, 잠을 제대로 못 잤던 사람이 있었다. 옆에서 바스락거리는 소리만 나도 잠이 깰 정도로 예민한 사람이었다. 수용소에서는 그런 사람도 다른 동료의 몸 위에 엎어져서는 아주 가까이서 코 고는 소리가 들려도 깊이 잠을 잤다.

인간을 어떤 환경에도 적응할 수 있는 존재로 묘사했던 러시아의 소설가 도스토옙스키의 말이 진짜냐고 묻는다면 우리는 이렇게 대답할 것이다.

"물론입니다. 인간은 어떤 환경에도 적응할 수 있습니다. 하지만 그 방법에 대해서는 묻지 말아 주십시오."

우리의 심리 상태가 아직 거기까지 가지는 않았다. 수감자 중 그지점까지 이른 사람은 없었다. 우리는 여전히 심리적 반응의 첫 번

---

* 길이는 약 2미터, 폭은 약 2미터 40센티미터

째 단계에 머물러 있었다.

왜 자살하지 않을까

수용소에서 잠깐이라도 자살을 생각해 보지 않은 사람은 거의 없을
것이다. 희망 없는 상황, 시시각각 다가오는 죽음의 공포, 다른 사
람의 죽음을 보며 역시 가까워지는 내 죽음을 떠올리는 고통이 자살
을 생각하게 했다.

내 개인적인 신념은 나중에 또 이야기하겠지만, 나는 수용소에 도
착한 날 밤 절대 '철조망에 몸을 던지는' 짓은 하지 않겠다고 굳게 다
짐했다. 철조망에 몸을 던진다는 말은 고압 전류가 흐르는 철조망에
몸을 댄다는 뜻이다. 당시 수용소에서 가장 흔했던 자살 방법을 이야
기하는 관용어구였다. 이런 결심은 전혀 어렵지 않았다. 수용소에서
자살 정도는 아무것도 아니었다. 아무리 객관적으로 계산하고, 모든
기회를 따져 보아도 평범한 수감자들이 살아서 나갈 가능성은 거의
없었기 때문이다. 무슨 보장으로 자기가 수많은 선별 관문을 무사히
통과해 살아남는 몇 안 되는 사람이 된단 말인가.

아우슈비츠 수감자들은 첫 번째 단계에서 충격을 받은 다음으로
는 죽음을 두려워하지 않았다. 며칠이 지나면 가스실조차 더는 두렵
지 않았다. 오히려 가스실이 있다는 게 사람들에게 당장 자살하는 것
을 그만두게 했다.

가스실로 가지 않으려면

전쟁이 끝나고 나서, 언젠가 친구들이 나에게 이런 이야기를 들려주었다. 내가 수용소에 들어갔다고 해서 충격을 받거나 크게 낙담하는 사람은 아니었다는 것이다. 아우슈비츠에 도착한 다음 날 아침, 이런 일이 있었을 때에도 나는 그저 조용히 웃었다.

자기 '구역'을 벗어나서는 안 된다는 엄격한 규칙이 있었지만, 동료 하나가 몰래 내 막사로 숨어들어 왔다. 그는 나보다 몇 주 먼저 들어온 사람이었는데, 우리를 안심시키려는지 몇 가지 이야기를 해 주었다. 몸이 너무 말라서 처음에는 그를 알아보지 못했다. 익살스러우면서도 저돌적인 말투로 그는 정보를 전해 주었다.

"겁내지 말게! 선별을 두려워하지도 말게! 의사 M(친위대 주치의)은 의사에게는 약하다네!"[*]

"그렇지만 단 한 가지, 자네들에게 당부하겠네."

그는 말을 이었다.

"되도록 매일 면도를 하게. 유리 조각을 쓰더라도 말이야. 마지막 빵을 포기하더라도 면도를 해야 해. 그러면 더 젊어 보일 거야. 뺨을 문지르는 것도 혈색이 좋아 보이게 하는 방법이지. 살아남기를 바란다면 단 한 가지 방법밖에 없어. 일할 수 있는 사람처럼 보이는 거

---

[*] 하지만 이건 틀린 말이었다. 그 친구가 잘못 안 것이었다. 예순 살 먹은 한 의사가 같은 막사에 있어서 그가 겪은 일을 직접 들을 수 있었다. 그의 아들이 가스실에 가게 되었을 때 M에게 아들을 빼달라고 부탁했지만 M은 냉정하게 거절했다고 한다.

야. 만약 발뒤꿈치에 물집이 생겼다고 해 보게. 나치 대원이 그걸 아는 날에는 당장 따로 분류되어서 그다음 날 틀림없이 가스실로 보내질 거야. 자네들은 '회교도'라는 말이 무슨 뜻인지 알고 있나? 불쌍하고, 비실비실하고, 병들고, 초라해 보이는 사람들, 그러니까 고된 육체노동을 할 수 없는 사람들을 '회교도'라고 한다네. 회교도들은 조만간, 아니 아주 빠르게 가스실로 가게 되지. 그러니까 늘 면도를 하고 똑바로 서서 걸어야 한다는 걸 명심하게. 그러면 가스실을 두려워할 필요가 없어. 여기 자네들, 이곳에 온 지 스물네 시간이 채 지나지 않았지만 두려워할 필요는 없어."

그는 나를 가리키며 이렇게 말했다.

"하지만 자네는 예외일 거야."

그가 말을 이었다.

"내가 솔직하게 말하는 걸 기분 나쁘게 생각하지는 말게."

그런 다음 그는 다른 사람들을 보면서 말했다.

"자네들 가운데 다음 선별을 걱정해야 할 사람은 바로 저 사람뿐이야. 그러니 모두 안심들 하게."

그 말에 나는 그저 웃었다. 그리고 이제 확신할 수 있다. 그때 나 같은 상황이었다면 그게 누구였더라도 똑같이 웃었을 거라는 걸 말이다.

독일의 작가이자 철학자 고트홀트 레싱은 이런 말을 했다.

"이 세상에는 사람의 이성을 잃게 만드는 일이 있는가 하면, 더 이상 잃을 이성이 없게 만드는 일도 있다."

비정상적인 상황에서 비정상적인 반응을 보이는 것은 정상이다. 나 같은 정신과 의사들도 비정상적인 상황, 예를 들자면 정신 병원에 수용되거나 평소와 다른 이상한 상황에 놓일 때라면 그런 반응이 당연하다고 여긴다. 수용소에 들어오게 된 상황에서 사람들이 보이는 반응도 비정상적인 정신 상태를 반영한다. 객관적으로 따지자면 지극히 정상이다. 뒤에 얘기하겠지만 주어진 상황에 대한 전형적인 반응이라고 할 수 있다.

하지만 사람들의 반응은 며칠 지나면 바뀌기 시작한다. 첫 번째 단계에서 두 번째 단계로 넘어가는 것이다. 그다음 단계는 상대적인 무감각 단계로, 정신적으로 죽은 것과 다름없는 상태다.

앞에서 설명한 단계와는 별개로 수용소에 들어온 사람들은 정신적으로 엄청난 고통을 겪으며, 그 고통을 약하게 하려고 안간힘을 쓴다. 무엇보다 먼저 찾아오는 것은 집과 가족을 향한 끝없는 그리움이다. 그리움이 너무나 간절해서 그리워하는 데 자기 자신을 완전히 소진할 정도다.

그런 다음, 혐오감이 찾아온다. 자기를 둘러싼 모든 것을 향한 혐오감, 그저 생긴 모양조차 혐오감이 인다.

수용자 대부분이 줄무늬 수의를 입었다. 허수아비에게나 어울릴 듯한 넝마 같은 옷이었다. 수용소 막사와 막사 사이는 오물로 뒤덮여 있었는데, 오물을 치우려 하면 할수록 더 많은 오물이 묻었다. 수용소에 처음 들어온 사람들은 화장실을 청소하거나 시궁창 오물을 치우는 일을 맡았다. 늘 있는 일이지만, 땅이 울퉁불퉁 험해서 오물을 버리러 가는 동안 똥물이 얼굴에 튀어 버리기도 했다. 조금이라도 싫은 기색을 비치거나 얼굴에 묻은 똥물을 닦아 내면 카포가 가차 없이 주먹으로 때렸다. 그런 과정을 거치면서 사람이 어떤 일에 보이는 정상적인 반응이 사라져 버렸다.

참담한 광경에도 덤덤한 감정 상태

처음에 사람들은 다른 사람들 무리가 줄지어 행진하면서 단체 기합 받는 것을 보면 고개를 돌렸다. 진흙탕 속을 몇 시간씩 구르고, 걸핏하면 주먹으로 맞는 모습을 차마 볼 수가 없었다. 그러나 며칠, 몇 주가 지나면 달라진다.

　어둠이 채 가시지 않은 이른 아침이었다. 어느 사람이 같은 반 동료들과 함께 행진을 나가려고 문 앞에 서 있었다. 바로 그때, 비명이 들렸다. 그리고 한 동료가 쓰러졌다 다시 일으켜 세워졌다가 또 쓰러지는 걸 보았다. 무슨 일이지? 알고 보니 그 사람이 열이 났는데, 병실 담당자에게 그걸 알리는 시간이 적절치 못했던 거다. 그는 자기가 해야 할 일을 하지 않고 규정을 어긴 이유로 벌을 받고 있었다. 하지만 동료를 보던 그 사람은 이미 심리적 반응의 두 번째 단계로 들어섰기 때문에 이 참담한 광경에도 눈 하나 깜빡하지 않았다. 감정이 무뎌져서 담담하게 바라보는 단계로 들어선 것이다.

또 다른 이야기도 있다. 한 남자가 상처 때문에(부종이나 열이었을 수도 있지만) 병실을 찾아갔다. 앞으로 이틀은 수용소 안에서 가벼운 일을 할 수 있기를 바라면서 그는 기다렸다. 그때 12살짜리 소년이 실려 들어왔다. 눈 속에서 차렷 자세로 여러 시간 서 있었거나 맞는 신발이 없어서 맨발로 밖에서 일한 것 같았다. 그는 소년을 무감각하게 바라보았다. 발가락은 이미 동상에 걸려 있었고, 의사가 집게로 시커멓게 썩은 살을 하나씩 끄집어냈다. 하지만 그 광경에도 정말로 혐오감과 공포, 동정심 같은 감정을 더는 느낄 수 없었다. 사람들이 괴롭힘당하고 죽고, 이미 죽은 것까지 너무나 많이 보았기 때문이다. 수용소 생활이 몇 주 지나면 그런 것에 더 이상 마음의 동요가 일어나지 않는다.

옆에서 사람이 죽어 나갈 때에도

나는 발진 티푸스 환자들을 돌보려고 한 막사에서 얼마 동안 지낸 적이 있었다. 환자들은 고열에 시달렸고, 종종 혼수상태에 빠졌다. 많은 사람이 산송장이나 다름없었다. 그러다가 한 사람이 숨을 거두었다. 나는 아무 감정 없이 그걸 바라보았다. 죽음은 그 뒤로도 계속 이어졌는데, 그때마다 매번 그랬다.

한 사람이 숨을 거두자 나머지 사람들이 아직 체온이 남아 있는 시신 곁으로 다가갔다. 그 가운데 하나가 죽은 사람이 먹다 남긴 지저분하기 짝이 없는 감자를 낚아채 갔다. 그다음 사람은 시신이 신고 있는 나무 신발이 자기 것보다 좋다고 생각했는지 신발을 바꾸어 갔다. 세 번째 사람도 앞사람과 똑같이 시신의 외투를 가지고 갔다. 그런가 하면 또 다른 사람은 진짜 구두끈을 갖게 됐다고 좋아했다.

나는 담담하게 이 모든 걸 지켜본 뒤 '간호사'에게 시신을 치워 달라고 했다. 간호사는 시체 다리를 잡아서 50명이나 되는 환자들이 사용하는 두 개의 나무판 사이 좁은 통로로 시체를 끌어내렸다. 그런 다음, 울퉁불퉁한 바닥 위로 시체를 질질 끌고 문 쪽까지 갔다. 문 앞에는 계단이 두 개 있었다. 여길 지나야 밖으로 나갈 수 있는데, 계단 때문에 우리는 늘 애를 먹었다. 계속 굶다 보니 기운이 거의 없었기 때문이다. 수용소에서 몇 달을 보낸 다음에야 우리는 걸어서 그 계단을 올라갈 정도가 되었다. 높이가 겨우 6인치 정도였지만, 문기둥을 붙잡고 몸을 끌어올려야 겨우 올라갈 수 있었다.

간호사가 시체를 끌고 계단 앞까지 갔다. 그는 힘겹게 자기 몸을 끌어올렸다. 그런 다음에 시체를 끌어올렸다. 처음에는 발, 그다음에는 몸통, 드디어 마지막으로 — 괴상하게 덜컥거리는 소리를 내면서 — 머리가 올라갔다.

그때 나는 막사 맞은편에 있었다. 바닥에서 얼마 떨어지지 않은 작은 창문 옆에서 얼어붙은 손으로 뜨거운 수프가 담긴 그릇을 들고 맛있게 먹었다. 그러다가 우연히 창밖을 봤다. 방금 전 밖으로 옮긴 시체가 동태 같은 눈으로 나를 바라보고 있었다. 두 시간 전에 나와 이야기 나누던 사람이었다. 그러나 나는 곧 다시 수프를 먹었다.

만약 그때 정신과 의사로서 직업의식을 가지고 나의 감정 결핍에 관심을 기울이지 않았다면, 지금 이 일을 기억해 내지도 못했을 것이다. 왜냐하면 그 일은 정말 아무런 감정도 불러일으키지 않았기 때문이다.

맞는 것보다 더 심한 고통

어느 것에도 관심이 없는 정서, 감정 둔화를 의미하는 무감각은 수용자들의 정서적 반응 그 두 번째 단계에서 나타난다. 수감자들은 매일 반복되는 구타에도 무감각해진다. 이런 무감각은 수감자들에게 꼭 필요한 보호막이 되어 그들을 감쌌다.

구타는 아주 사소한 일로 일어났다. 이유가 없을 때도 있었다. 예를 하나 들겠다. 빵이 작업장에 배달되면 줄을 서서 배급을 받았다. 한번은 내 뒤에 섰던 사람이 줄에서 약간 밖으로 삐져 나갔던 모양이었다. 줄이 삐뚤어진 게 감시병의 비위를 상하게 했다. 나는 뒤에서 무슨 일이 있는지 몰랐고, 감시병에게도 전혀 관심이 없었다. 그런데 갑자기 무엇인가가 내 머리통을 두 번이나 내리쳤다. 그제야 몽둥이를 휘두른 감시병이 옆에 와 있다는 것을 알았다. 이럴 때 대부분 사람들이 — 어른이나 벌을 받는 아이 모두에게 해당된다 — 참기 힘든 것은 육체의 고통이 아니다. 부당하고 비합리적인 일을 당했다는 생각에서 오는 정신적 고통이다.

정말 이상한 것은 흔적도 나지 않게 때린 한 방이 심한 흔적을 남기는 구타보다 더 큰 상처를 준다는 사실이다. 어느 날 나는 눈보라를 맞으며 철로 위에 서 있었다. 험한 날씨 속에서 우리 반 사람들은 일을 계속했다. 나는 자갈로 철로를 고치는 일을 정말 열심히 했다. 그게 추위를 이기는 유일한 방법이었기 때문이다. 그러다가 딱 한순간 숨을 돌리려고 일하던 손을 멈추고 삽에 몸을 기댔다.

바로 그때, 운이 없게도 감시병이 내 쪽으로 고개를 돌렸다. 그는 내가 게으름을 피우고 있다고 여겼다. 그렇게 그가 나에게 준 고통은 모욕이나 주먹질은 아니었다. 넝마를 걸치고 초라한 몰골로 서 있는 나를 인간 형체를 한 물건쯤으로 여기는 것 같았다. 말하는 건 물론이거니와 욕할 가치조차 없다고 본 것이다. 그는 욕하는 대신 장난하듯이 돌멩이 한 개를 나에게 집어 던졌다. 마치 짐승의 주의를 딴 데로 돌리고, 가축들을 제자리로 돌아가게 하려는 것처럼 말이다. 자기와는 닮은 점이 전혀 없고 벌을 줄 필요조차 없는 짐승을 대하는 행동이었다.

맞을 때 가장 괴로웠던 건 그들이 주는 모멸감이었다. 얼어붙은 철로 위로 길고 무거운 도리를 옮겼던 적이 있다. 만약 누군가가 미끄러지면 그 자신은 물론, 함께 도리를 옮기던 모든 사람이 위험해지는 상황이었다. 내 오랜 친구도 함께 있었는데, 엉덩이가 선천적으로 기형이었다. 친구는 장애인임에도 일할 수 있다는 것을 아주 기쁘게 생각했다. 장애인은 선별 과정에서 대부분 살아남지 못했기 때문이다.

그는 유난히 무거운 도리를 들고 철로 위에서 절뚝거렸다. 넘어질 듯 보였다. 그리고 다른 사람들까지 함께 넘어뜨릴 것 같았다. 마침 내가 손이 비어서 그를 도와주려고 달려갔다. 그때 등으로 한 방이 날아왔다. 감시병이 심하게 욕하면서 나더러 자리로 돌아가라고 명령했다. 나를 때린 감시병은 바로 몇 분 전에 우리를 멸시하면서 너희 같은 '돼지들'에게는 동지애가 전혀 없다고 한 사람이었다.

무감각해진 죄수가 분노할 때

영하 16도나 되는 날씨에 숲으로 가서 얼어붙은 땅을 판 적이 있다. 땅 밑에 수도관을 박기 위해서였다. 그때 나는 몸이 쇠약해져 있었다. 저쪽에서 통통하고 혈색이 좋은 감독관이 다가왔다. 그 얼굴은 돼지머리를 떠올리게 했다. 이 혹독한 날씨에 아주 따뜻한 장갑을 끼고 있는 것이 보였다. 그는 아무 말 없이 나를 잠시 쳐다보았다. 곧 벼락이 떨어질 조짐이 느껴졌다. 내 앞에는 그동안 얼마나 열심히 땅을 팠는지 보여 주는 흙더미가 쌓여 있었다.

그가 입을 열었다.

"이 돼지 같은 새끼, 처음부터 너를 지켜봤어. 일을 어떻게 하는지 가르쳐 주지, 네 이빨로 흙을 파게 해 줄 테니 기다려! 넌 짐승처럼 죽게 될 거야. 이틀 안에 내가 널 끝장내 주지. 일이라고는 한 번도 못해 본 놈이야. 전에는 뭐했어? 이 돼지 새끼야. 장사했어?"

그가 화내는 것은 조금도 상관없었다. 하지만 나를 죽이겠다는 말에는 진지해지지 않을 수 없었다. 몸을 똑바로 세우고 그의 눈을 바라보았다.

"의사, 전문의였습니다."

"의사였다고? 사람들한테 돈푼깨나 긁어모았겠군."

"돈을 벌려고 일한 게 아니라 가난한 사람을 위해서 진료소에서 일했습니다."

그 말을 하고는 아차 싶었지만 이미 너무 많이 말을 한 뒤였다. 그는 미친 사람처럼 소리를 지르며 달려들어 나를 쓰러뜨렸다. 그가 무슨 말을 했는지는 기억나지 않는다.

내가 이런 시시콜콜한 이야기를 꺼내는 것은 아무리 감정이 무뎌진 수감자라고 해도 분노를 느끼는 순간이 있다는 걸 말하고 싶어서이다. 그 분노는 육체적인 학대와 고통 때문이 아니라 그것을 받으면서 느끼는 모멸감에서 나왔다.

어떤 사람이 잘 알지도 못하는 내 인생을 두고 이러쿵저러쿵했을 때, 순간 머리로 피가 솟구쳤다. 여기서 고백할 게 있다. 이 일이 있고 난 뒤, 동료들의 말을 듣고 내 분노는 어린아이처럼 누그러졌다. 이런 말이었다.

"그런 짐승 같고 야비한 사람이 우리 병원에 오면 아마 간호사들이 대기실에도 들여보내지 않고 쫓아낼걸."

호의를 베풀었던 어느 카포

행운 중 하나는 우리 작업반 카포가 내게 신세를 지고 있다는 것이었다. 막사에서 작업장까지 먼 길을 행진하는 동안 나는 그의 연애 이야기와 삐거덕거리는 결혼 생활 이야기까지 조용히 들어주었다. 그는 그런 나를 좋아했다. 내가 그의 성격을 진단하고 정신 요법도 조언해 주자 그는 고마워하면서 내게 작은 혜택을 주었다.

280명 정도 되는 우리 작업반이 줄을 설 때, 앞에서 다섯 번째 줄 안에 있는 자기 자리 옆에 나를 세워 준 것이다. 대단한 호의였다. 일을 나가려면 어둠이 가시지 않은 이른 아침부터 줄을 서야 했는데, 늦어서 뒷줄에 서게 될까 봐 모두들 두려워했다. 더 힘들고 궂은일이 생기면 고참 카포가 와서 대개는 뒷줄에서 사람들을 데려갔으니 말이다. 그렇게 되면 동료들과 떨어져 다른 작업장으로 가야 했고, 낯선 감시병들의 감시 속에서 더 힘들게 일했다.

어떤 내는 약삭빠른 사람들을 가려내려고 앞에서 다섯째 줄 안에 있는 사람들을 뽑아 가기도 했다. 여기에 항의하면 발로 잘 걸어차이고는 금세 잠잠해졌다. 재수 없게 걸린 사람들은 고함에 주먹질을 당하며 정해진 곳으로 끌려갔다. 하지만 우리 작업반 카포가 나에게 쏟아 내고 싶은 말을 가슴에 품고 있는 한 나는 그런 일을 당하지 않아도 되었다. 그 옆자리는 나에게 보장되어 있었다.

앞줄에 서는 것에 또 다른 장점도 있었다. 수용소에 있는 수감자 대부분이 그랬듯, 나도 부종 때문에 고생을 했다. 다리가 심하게 부었고, 부은 곳의 피부가 팽팽해져서 무릎을 잘 구부리지 못했다. 신발을 신을 때에도 끈을 풀어야만 부어오른 발을 넣을 수 있었다. 양말은 없었지만 만약 양말을 신었다면 발이 들어가지 않았을 것이다. 맨살이 드러난 발은 늘 젖어 있었고, 신발 속은 눈으로 가득 차 있었다. 그러니 동상에 걸려 터지는 건 당연했다. 걸음을 옮길 때마다 살을 찢는 듯한 통증이 느껴졌다. 눈 덮인 길을 행진하는 동안 신발 위로 얼음이 얼었다. 사람들이 계속 미끄러졌고, 따라가던 사람들은 그 위로 엎어졌다. 그러면 행진이 잠시 멈추곤 했다. 물론 오래 이어지지는 않았다. 감시병 한 명이 바로 개머리판을 휘둘렀기 때문에 넘어졌더라도 빨리 일어나야만 했다. 앞줄에 설수록 중간에 행진을 멈추는 일이 줄어들었다. 늦어진 시간을 메우려고 아픈 발로 뛰어야 할 일도 그만큼 줄어들었다. 친애하는 카포 각하의 주치의로 임명된 나는 이렇게 앞줄에 서서 적당한 속도로 행진할 수 있는 행운을 누릴 수 있었다.

그를 도와주고 받는 혜택이 또 있었다. 점심시간에 우리 작업반에서 수프를 나누어 줄 때면 그는 국자를 수프 통 밑바닥까지 집어넣어 콩알 몇 개를 떠서는 내 수프에 넣어 주었다. 전직 육군 장교였다는 이 카포는 나와 싸웠던 감독에게 내가 일을 아주 잘한다고 귀띔을 하는 용기를 발휘하기도 했다. 도움이 되지는 모르지만 여하튼 그는 어찌어찌 내 목숨을 구해 주었다. 수없이 죽을 고비를 넘기는 동안 적어도 한 번은 그의 도움을 받았을 것이다. 감독과 싸운 바로 그다음 날, 그는 몰래 나를 다른 작업반으로 옮겨 주었다.

감독 중에는 우리를 측은하게 여기고, 상황을 개선해 주려고 애쓰는 사람들도 있었다. 적어도 건축 공사장에서만큼은 그랬다. 물론 그런 감독들도 보통 노동자들이라면 우리보다 몇 배나 많은 일을 얼마나 빠르게 할지 입버릇처럼 말했다. 하지만 그 말을 듣고 우리가 보통 노동자와는 다른 상황이라는 걸 말해 주면 일리가 있다는 반응을 보였다. 우리가 하루에 먹는 게 빵 10온스 반(약 297그램, 공식적으로는 그렇지만 실제로 더 적은)과 묽은 수프 한 그릇과 4분의 3그릇 정도뿐이라는 것이나, 보통 노동자들은 우리가 겪는 정신적 스트레스가 없고, 다른 수용소로 가거나 방금 가스실로 간 가족 소식을 듣지는 않는다는 것, 매일 그리고 하루 종일 죽음의 위협을 당하지는 않는다는 걸 말이다. 언젠가는 한 마음씨 좋은 감독에게 이런 말을 한 적이 있다.

"만약 내가 당신에게 도로 공사 일을 배운 시간만큼 짧은 동안에 당신이 나에게 뇌 수술을 하는 방법을 배운다면 나는 당신을 존경하겠소."

그 말을 듣고 그는 씩 웃었다.

가장 자주 꾸는 꿈

두 번째 단계에서 가장 크게 드러나는 징후인 무감각은 자기를 방어하는 도구라고 할 수 있다. 현실이 불확실하면 오로지 한 가지 과제에 모든 노력과 감정이 모인다. 일단 내 생명과 친구의 생명을 지키는 것이다. 저녁이 되어 작업장에서 수용소로 돌아오는 길에 수감자들은 안도의 한숨을 쉬면서 자주 이렇게 말한다. "아, 이제 또 하루가 지났군."

긴장 상태에다가 살아남아야 한다는 데 온통 집중하다 보면 수감자들의 정신세계는 원시적인 수준으로 내려간다. 정신 분석을 배운 적이 있는 동료 수감자들은 수용소에 있는 사람들이 보이는 '퇴행' 현상을 자주 이야기했다. 퇴행은 정신세계가 원시적인 수준으로 퇴보하는 것이다. 그런 수감자들의 소원과 욕망은 꿈속에서 선명히 드러났다.

수용소에 갇힌 사람들이 가장 자주 꾸는 꿈은 무엇일까? 빵과 케이크, 담배가 나오는 꿈이나 따뜻한 물로 목욕하는 꿈이었다. 단순한 욕구를 충족시키지 못하는 상황에서 꿈속에서나마 소원을 이루었던 것이다. 물론 그런 꿈이 조금이라도 도움이 되었는가는 다른 문제다. 수감자들은 꿈에서 깬 다음 수용소 생활이라는 현실로 돌아왔다. 그리고 꿈속 환상과 현실은 엄청나게 다르다는 것을 뼈저리게 느껴야만 했다.

동료가 괴로워하는 소리에 잠에서 깼던 어느 밤을 결코 잊을 수 없다. 잠을 자면서 몸부림치는데, 악몽을 꾸는 게 분명했다. 나는 평소에도 악몽이나 망상에 시달리는 사람을 딱하게 여겼기 때문에 그 불쌍한 사람을 깨우려고 했다. 하지만 순간 내가 무슨 짓을 하려는 건가 놀라면서 깨우려던 손을 거두었다. 그게 나쁜 꿈일지라도 꿈꾸지 않는다는 것은, 우리를 둘러싸고 있는 수용소의 현실만큼이나 끔찍하다는 사실을 깨달았다. 이 끔찍한 현실로 그를 다시 불러들이려고 했다니…….

먹는 것만 생각하는 나날들

영양실조가 심해서 수감자들의 정신이 온통 먹고 싶다는 본능에 집중되는 것은 너무 당연했다. 수감자들이 어쩌다 서로 가까이에서 일하게 될 때면 감시가 소홀한 틈에 무엇을 하는지 아는가? 당장 먹는 얘기를 꺼낸다. 배수구에서 일하는 친구가 옆에 있는 친구에게 좋아하는 음식이 뭐냐고 묻는다. 그러고는 조리법을 교환한다. 머지않은 날에 여기서 풀려나 집으로 돌아가는 날, 다시 만나게 되는 그날을 위해 식단을 짠다. 그런 식으로 먹을 것 얘기를 하고 또 한다. 그 모양까지 아주 자세히 머릿속에 그려 가면서 말이다. 음식 대화는 '감시병이 온다(이 말을 전할 때는 특정 단어나 숫자로 된 암호를 썼다)'라는 경고가 마지막 사람에게 전해질 때까지 계속되었다.

하지만 나는 먹는 이야기를 하는 게 위험하다고 봤다. 우리 몸이 이제 간신히 적은 양의 음식과 낮은 칼로리에 적응했는데, 맛있는 음식을 자세히 또 생생하게 떠올리는 건 내장 기관에 자극을 줄 수 있었다. 나는 그게 나쁜 결과로 이어질까 봐 염려가 되었다. 먹는 이야기는 당장 마음에 위안을 줄지는 몰라도 생리적으로는 위험을 가져올 수 있는 환상일 뿐이었다.

수용소 생활이 후반부로 접어들었을 때, 우리는 하루에 한 번 아주 묽은 수프와 작은 빵을 배급받았다. 가끔 '특별 배급'이라는 것을 받을 때도 있었다. 마가린 0.75온스(약 21그램), 보잘것없이 작은 소시지, 작은 치즈 조각, 가공 벌꿀 조금, 묽은 잼 한 숟가락 등 그때그때 종류가 달랐다. 열량이 절대적으로 부족한 음식들이었다. 허름한 옷을 걸치고 추위에 떨며 맨손으로 중노동하는 상황을 고려한다면 말이다. '특별 간호'를 받아야 해서 작업장에 가지 않고 임시 막사에 남아 있는 환자들의 음식은 더 형편없었다.

마지막 남은 피하 지방층이 사라지고, 몸이 해골에 가죽과 넝마를 씌워 놓은 것같이 됐을 때, 우리는 몸이 자기 자신을 먹어 치우기 시작했다는 것을 느낄 수 있었다. 내장 기관이 자체 단백질을 소화시켰고, 몸에서 근육이 사라졌다. 저항력도 사라졌다. 같은 막사에 있던 사람들이 하나둘씩 죽어 나갔다. 모두가 다음에는 누가 죽을지, 자신은 언제 죽을 것인지 아주 정확히 알고 있었다. 그동안의 경험을 바탕으로 어떤 징후가 보이면 어떤 일이 일어날 것인지 정확하게 예측이 되었다.

"저 사람 오래 못 갈 것 같아."

"다음 차례는 저 사람이군."

우리는 이렇게 수군거렸다.

매일 저녁, 몸에 이를 잡으면서 우리는 자기 알몸을 바라보았다. 그러고는 같은 생각을 했다. 여기 있는 이 몸뚱이, 이제 정말로 송장이 됐구나. 나는 과연 무엇일까? 나는 인간 살덩이를 모아 놓은 거대한 무리의 한 부분일 뿐이었다. 철조망 너머 막사에 갇힌 채 바글거리는 거대한 사람 무리의 한 부분, 그 일부가 죽어서 몸뚱이가 썩기 시작하는 바로 그 거대한 무리의 아주 일부분에 지나지 않는 것이다.

계속해서 의식을 파고드는 먹을 것과 좋아하는 요리 생각을 떨쳐 버리기가 얼마나 힘든지 앞에서 이미 말했다. 우리 가운데에서 정신력이 가장 강하다고 알려진 사람도 맛있는 음식을 다시 먹을 그날을 그리고 있었다. 맛있는 음식 그 자체 때문만은 아니었다. 그때가 되면 단지 먹는 것뿐 아니라 다른 것을 생각할 수 없는 인간 이하의 생활이 마침내 끝난다는 걸 의미하기 때문이었다.

이런 경험을 해 보지 못한 사람들은 잘 모를 것이다. 굶주린 사람들이 영혼을 파괴할 정도로 겪게 되는 정신적 갈등과 의지력의 충돌이 어떤 것인지 말이다. 우리는 참호 속에서 땅을 파고, 빵이 배급 되는(만약 배급이 된다면) 시간인 오전 9시 반, 또는 10시 ― 30분 정도 점심시간 ― 사이렌 소리를 손꼽아 기다렸다. 마음씨 좋은 감독이 있으면 지금이 몇 시냐고 계속 물어보고, 외투 주머니 안에 있는 빵을 장갑도 끼지 않은 언 손으로 살살 만지다가 손톱만큼 떼어먹어 보기도 했다. 그러다가는 마지막 남은 의지력으로 빵을 호주머니에 넣으면서 오후까지 먹지 않겠다고 수없이 자기 자신에게 다짐했다.

수용소 생활의 거의 끝에 와서는 하루에 한 번밖에 빵이 배급되지 않았다. 우리는 그 빵을 어떻게 먹을까 하는 문제로 끝없이 논쟁했다. 의견은 두 편으로 나뉘었다. 한 편은 그 자리에서 빵을 다 먹어 치우는 것이 낫다고 했다. 비록 잠깐이지만 적어도 하루에 한 번은 극심한 굶주림에서 벗어날 수 있고, 도둑맞거나 잃어버릴 염려도 없다는 장점이 있었다. 그리고 다른 한 편은 배급받은 빵을 나누어서 먹어야 한다고 했다. 나는 두 의견 중에서 나중 의견을 따르기로 했다.

기상 시간은 수용소 24시간 가운데 가장 끔찍하게 느껴졌다. 아직 밖은 깜깜한데 날카롭게 울리는 세 번의 호루라기 소리가 잠이 부족한 몸을 달콤한 꿈에서 깨웠다. 일어나면 부종으로 부어오른 아픈 발을 젖은 구두 안에 쑤셔 넣으려고 한바탕 씨름부터 했다. 신발 끈으로 쓰던 철사가 끊어지는 것 같은 사소한 문제가 으레 생겼고, 여기저기서 끙끙대거나 투덜거리는 소리가 들리곤 했다.

어느 날 아침에는 평소 꽤 용감하고 의연했던 한 친구가 어린아이처럼 엉엉 우는 것을 보았다. 신발이 너무 작아 맨발로 눈 위를 걸어서 작업장까지 가야 하는 처지가 된 것이다. 그러나 동료가 슬퍼하는 바로 그 순간에도 나는 다른 신나는 일에 정신이 팔려 있었다. 그건 호주머니에서 작은 빵 조각을 꺼내 게걸스럽게 먹는 것이었다.

기차를 타고 그리운 동네를 지나다

대다수 수감자들은 원시적인 생활을 하면서 목숨을 지키는 데만 집중했기 때문에 거기에 도움이 되지 않는 일이라면 철저히 무관심했다. 이것이 수감자들의 정서가 완전히 메마르게 되는 이유였다. 아우슈비츠에서 다하우*에 있는 수용소로 옮겨 갈 때에도 이것을 뼈저리게 느꼈다.

약 2천 명의 수감자들을 태운 기차는 오스트리아 빈을 통과하게 되어 있었다. 그리고 자정이 가까워질 무렵, 빈의 한 기차역을 통과했다. 내가 태어난 거리와 오랜 세월 실제로 살았던 곳, 수용소로 끌려가기 전까지 살았던 그 동네를 지나는 것이었다.

내가 탄 열차 칸에는 50명 정도가 있었는데, 벽에는 밖을 내다볼 수 있는 구멍이 두 개 뚫려 있었다. 안이 너무 비좁아서 사람들 일부만 바닥에 쪼그리고 앉아 있을 수 있었고 나머지는 몇 시간씩 서

---

* **다하우**Dachau 독일 남부에 있던 강제 수용소

있어야 했다. 이렇게 서 있던 사람들이 그 구멍 주위로 몰려들었다.

나도 발뒤꿈치를 들고 다른 사람 머리 위로 창살 너머를 바라보았다. 아주 짧은 시간이었지만 내가 태어난 고장을 보았다. 그때 우리는 모두 삶보다는 죽음을 떠올리고 있었다. 우리를 태운 기차가 마우트하우젠 수용소로 가고 있으며, 앞으로 기껏해야 한두 주일 정도 살 거라고 생각했으니까. 이상한 느낌이었다. 저세상에서 돌아온 죽은 사람의 눈으로 어린 시절을 보냈던 거리와 광장, 집들을 바라보는 듯했다. 유령의 도시를 내려다보고 있는 것 같았다.

그곳에서 몇 시간 머물다 다시 기차가 출발했다. 내가 자라고 살았던 바로 그 동네가 여기 있는데! 밖이 보이는 구멍 주위로는 등에 수용소 생활의 햇수를 알리는 번호를 붙인 젊은이들이 모여 서 있었다. 이런 여행이 꽤 신나는지 구멍으로 열심히 밖을 내다봤다. 그들에게 아주 잠깐이라도 좋으니 앞에 좀 세워 달라고 애원했다. 창문 밖에 보이는 것이 내게 어떤 의미인지 설명하려고 애쓰면서 말이다. 하지만 그들은 들어주지 않았고, 무례하게 비꼬면서 비웃었다.

"여기서 오래 살았다고? 뭐야, 그러면 이미 실컷 봤겠네!"

수용소 안 사람들의 정치와 종교

수용소에는 문화적 동면[*] 현상이 있었다. 하지만 두 가지 예외가 있었는데, 바로 정치와 종교였다. 정치 이야기는 어디서나 항상 들을 수 있었다. 대개는 소문에서 나온 것이었고, 소문은 어디에선가 시작되어 끝도 없이 퍼져 나갔다. 전쟁 상황에 대한 소문은 대개 모순투성이였다. 그러나 아주 빠르게 꼬리에 꼬리를 물고 퍼지면서 수감자들을 신경과민 상태로 만들었다. 전쟁이 곧 끝날 것이라는 소문이 사람들에게 실망을 안겨 준 게 한두 번이 아니었다. 그 희망을 아예 포기한 사람들도 있었다. 하지만 이들보다 더 답답한 건 도저히 말릴 수 없는 낙관주의자들이었다.

수감자들이 일단 종교에 관심을 갖기 시작하면 진심으로 거기에 빠져들었다. 그 믿음의 깊이와 활력이 새로 수용소에 들어온 사람들에게 감탄과 감동을 불러일으킬 정도였다. 이들의 종교의식 중에서 가장 인상 깊었던 것은 막사 귀퉁이나 자물쇠를 채운 컴컴한 가축 운반용 트럭 안에서 열리는 임시 기도와 예배였다. 멀리 떨어진 작업장에서 일하고 막사로 돌아가는 길, 그 트럭 안에서 넝마 차림으로 즉석 예배와 기도회가 열렸다. 피곤하고 굶주리고 얼어붙은 몸 상태로 말이다.

1945년 겨울과 봄, 발진 티푸스가 퍼져 거의 모든 수감자가 감염됐다. 오랜 시간 중노동에 시달린 병약한 사람들이 엄청나게 많이 죽었다. 환자들을 돌볼 입원실이 턱없이 부족했으며, 쓸 만한 약이나 자격을 갖춘 의료 보조원도 없었다. 이 병의 증상으로 가장 힘들었

※ **문화적 동면** 어떤 문화적인 것도 사람들의 관심을 끌지 못하는 것

던 것은 음식에 심한 거부감(죽음의 위험이 더 커졌다)을 가지게 되고 무서운 정신 착란 증세가 생긴다는 것이었다. 내 친구도 그랬다. 자기가 죽어 간다고 여긴 그는 기도를 올리려고 했다. 하지만 정신 착란 상태에서 기도를 하려니까 기도할 말이 떠오르지 않더라는 것이다. 정신 착란 상태에 빠지지 않으려고 나도 다른 이들처럼 밤새 잠을 안 자려고 애썼다. 그 몇 시간 동안 나는 마음속으로 글을 썼다. 아우슈비츠 소독실에서 잃어버린 원고를 다시 되살리는 작업을 시작한 것이다. 그리고 작은 종잇조각에 요점이 되는 단어들을 속기로 적었다.

때로는 과학적인 문제를 토론하기도 했다. 한번은 교령술* 회합이라는 것에 참석한 적이 있다. 내 직업과 꽤 관련이 있지만 그전까지는 한 번도 본 적이 없었다. 수용소 주치의(그 역시 수감자였다)가 내가 정신과 의사라는 것을 알고 초대한 것이었다. 모임은 막사에 있는 주치의의 작은 방에서 이루어졌다. 사람들이 둥글게 앉아 있었고, 불법이긴 했지만 위생 담당 사관도 와 있었다.

마침내 한 사람이 주문을 외면서 영혼을 부르기 시작했다. 그때까지도 수용소 서기는 무엇을 쓰려는 생각이 전혀 없는 사람처럼 하얀 종이 앞에 그냥 앉아 있었다. 그러다가 그다음 10분 동안(이 시간이 지나면 영매가 영혼을 불러내는 데 실패한 것으로 보고 모임이 끝난다) 종이 위로 천천히 연필을 움직이더니 누구나 알아볼 수 있는 글씨 '패자에게 슬픔이'라는 라틴어 문장을 쓰는 것이 아닌가. 서기는 라틴어를 배운 적이 없고 '패자에게 슬픔이'라는 말을 들어 본 적도 없었는데 말이다.

물론 나는 그렇게 생각하지 않는다. 단지 기억이 안 나서이지 그는 살면서 한 번쯤은 그런 말을 들어 보았을 것이다. 그러다가 이 말이 우리가 석방되기 전, 전쟁이 끝나기 불과 몇 달 전, 바로 그 시점에 그의 '영혼'에 작용한 것이 틀림없다.

사랑하는 사람을 생각한다는 것

수용소에서는 신체적으로나 지적으로 원시적인 생활을 할 수밖에 없었지만 영적인 생활을 더욱 심오하게 하는 것이 가능했다. 수용소에 들어오기 전 지적인 활동을 많이 했던 감수성 높은 사람들은 육체적으로는 더 큰 고통(그런 사람들은 예민한 체질인 경우가 많으니까)을 겪었을 것이다. 하지만 정신적으로 내면의 자아는 다른 사람들보다 덜 손상되었을 거라고 생각한다. 그들은 자신을 둘러싸고 있는 가혹한 현실에서 빠져나와 내적인 풍요로움과 영적인 자유가 넘치는 세계로 도피할 수 있는 능력을 가지고 있었다. 별로 건강해 보이지 않는 사람이 체력이 강한 사람보다 수용소에서 더 잘 견딘다는 역설도 이것으로 설명할 수 있다.

※ **교령술** 죽은 사람과 살아 있는 사람의 영혼이 서로 통하게 하는 것

확실히 이해할 수 있는 이야기 하나를 소개하겠다. 어느 날 아침이었다. 우리는 일찍 작업장을 향해 가고 있었다. 구령 소리가 들렸다.

"차렷! 앞으로 가! 왼발 둘, 셋, 넷. 왼발 둘, 셋, 넷. 왼발 둘, 셋, 넷. 첫째 줄 주의! 왼발 그리고 왼발 그리고 오른발, 왼발. 모자 벗어!"

지금도 귀에 생생하게 들리는 소리다.

'모자 벗어!'라는 구령이 떨어질 때, 우리는 마침 수용소 문을 통과하고 있었다. 탐조등이 우리를 환하게 비추었다. 민첩하게 행진을 못하는 사람에게는 가차 없는 발길질이 돌아왔다. 춥다고 허락 없이 모자를 귀까지 눌러 쓴 사람은 더 큰 벌을 받았다.

우리는 어둠 속에서 큰 돌멩이를 넘고 커다란 웅덩이에 빠지면서 수용소 밖으로 난 길을 따라 비틀거리며 걸었다. 호송하던 감시병들은 계속 고함을 지르고 개머리판으로 위협했다. 다리가 아픈 사람은 옆 사람 팔에 의지해서 걸었다. 한마디도 하기가 힘들었다. 얼음같이 차가운 바람 때문에 누구든 입을 열 엄두를 내지 못했다.

높이 세운 옷깃으로 입을 감싸고 있던 옆의 남자가 갑자기 이렇게 속삭였다.

"만약 마누라들이 우리가 지금 이러고 있는 꼴을 본다면 어떨까요? 제발이지 마누라들이 수용소에 잘 있으면서 지금 우리가 당하고 있는 일을 몰랐으면 좋겠소."

그 말을 듣자 아내 생각이 났다. 빙판에 미끄러져 넘어지고, 수없이 서로를 부축하고, 한 사람이 또 한 사람을 일으켜 세우면서 몇 마일을 비틀거리며 걷는 동안 우리는 한마디도 하지 않았다. 그러나 알고 있었다. 모두가 지금 아내 생각을 하고 있다는 것을.

나는 종종 하늘을 바라보았다. 별들이 하나둘씩 빛을 잃고, 아침을 알리는 연분홍빛이 짙은 먹구름 뒤에서 서서히 퍼져 가고 있었다. 내 머릿속은 온통 아내 모습뿐이었다. 나는 아내의 모습을 아주 정확하게 머릿속으로 그렸다. 아내가 대답하는 소리를 들었고, 아내가 웃는 것을 보았다. 진솔하면서도 용기를 주는 듯한 아내의 시선을 느꼈다. 실제 그렇든 아니든 그때 아내의 모습은 이제 막 떠오르기 시작한 태양보다도 더 밝게 빛났다.

그때 한 가지 생각이 머리를 스쳤다. 태어나서 처음으로 그렇게나 많은 시인들이 시로 노래하고, 그렇게나 많은 사상가들이 최고의 지혜라고 외쳤던 하나의 진리를 깨닫게 된 것이다. 그 진리란 인간이 추구할 궁극적이고 가장 숭고한 목표가 사랑이라는 거였다. 인간의 시와 사상과 믿음이 말하는 숭고한 비밀, 그 의미를 꿰뚫어 보았다.

'인간에 대한 구원은 사랑을 통해서, 사랑 안에서 실현된다.'

그때 나는 이 세상에 남길 것이 하나도 없더라도 사랑하는 사람을 생각하며(비록 아주 짧은 순간이라고 해도) 여전히 더할 나위 없는 행복을 느낄 수 있다는 것을 알게 됐다. 완전히 소외된 상황에서 자신을 드러내어 표현할 수 없을 때, 주어진 고통을 적절하고 명예로운 방법으로 견디는 것만이 할 수 있는 일의 전부일 때라도 사람은 그

73

가 간직하고 있는 사랑하는 사람의 모습을 생각하는 것으로 충족감
을 느낄 수 있다. 생애 처음으로 나는 다음과 같은 말의 의미를 이
해하게 됐다.

'천사들은 한없는 영광 속에서 영원한 묵상에 잠겨 있나니.'

그 무엇도 방해하지 못한 사랑

앞에 있던 남자가 비틀거리자 뒤따르던 사람들이 그 위로 넘어졌다.
감시병이 달려와 채찍을 휘둘렀다. 내 생각은 잠시 중단됐다. 하지
만 곧 내 영혼은 수감자 신세에서 또 다른 세계로 가는 길을 찾아 되
돌아갔다.

내 사랑하는 사람과 다시 대화를 시작했다. 내가 물으면 아내가 대
답했다. 다음에는 반대로 아내가 묻고 내가 대답했다.

"정지."

드디어 작업장에 도착했다. 모두 더 좋은 연장을 차지하려고 캄
캄한 광 속으로 뛰어들어 갔다. 그리고 곡괭이와 삽을 들고 나왔다.

"이 새끼들. 빨리빨리 움직이지 못해?"

우리는 전날 일했던 배수구를 찾아서 갔다. 얼어붙은 땅이 곡괭이
끝에서 깨지는 소리를 냈고, 불꽃이 일었다. 모두 말이 없었고, 머리
는 마비돼 있었다.

내 마음은 여전히 아내의 영상에 매달려 있었다. 한 가지 생각이

머릿속을 스쳤다. 나는 아내가 아직 살았는지 죽었는지조차 몰랐다. 그러나 한 가지 아는 게 있었다. 그제야 깨달은 것인데, 사랑은 사랑하는 사람의 몸을 초월해서 더 먼 곳까지 간다는 것이었다. 사랑은 영적인 존재, 내적인 자아 안에서 더욱 깊은 의미를 갖는다. 사랑하는 사람이 실제로 존재하든 존재하지 않든, 아직 살았든 죽었든 그런 것은 하나도 중요하지 않다.

나는 아내가 살았는지 죽었는지 정말로 몰랐다. 알 수 있는 방법도 없었다(수용소에는 오는 편지도 가는 편지도 없었다). 하지만 그것은 더 이상 문제가 되지 않았다. 알아야 할 필요도 없었다. 이 세상 그 어느 것도 내 사랑의 굳건함, 내 생각, 사랑하는 사람의 영상을 방해할 수는 없었다. 사실 그때 아내가 죽었다는 것을 알았더라도 전혀 개의치 않고 아내 모습을 떠올리는 일에 나 자신을 바쳤을 것이다. 나와 아내가 나누는 정신적 대화는 아주 생생하고 만족스러웠을 테니 말이다.

"나를 그대 가슴에 새겨 주오. 사랑은 죽음만큼이나 강한 것이라오."

세상이 원래 이렇게 아름다웠을까

이렇게 내면세계를 극대화시키면서 수감자들은 멀리 과거로 떠났다. 자기 존재의 공허함과 고독감, 영적인 빈곤 속에서 피난처를 찾은 것이다. 상상의 나래를 마음껏 펼치며 과거의 일들을 돌이켰다. 별로 중요하지 않은 해프닝이나 사소한 것들이었지만, 그 향수 어린 추억은 그들을 성스럽게 만들어 주었다. 때로는 이상한 성격으로 보일 때도 있었다. 그들의 세계와 존재가 현실과는 아주 멀리 떨어진 곳에 있는 것 같았다. 수감자들의 영혼은 그리움을 향해 이처럼 먼 과거로 달려갔다.

나는 상상 속에서 버스를 타고 가서 내가 사는 아파트 문을 열쇠로 열었다. 걸려 오는 전화를 받고 전등을 껐다. 우리는 대개 이런 자질구레한 생각에 집중돼 있었다. 이런 기억들이 때로 우리 마음을 울려서 눈물을 흘리게 했다.

내적인 삶이 점점 깊어져서 전에는 전혀 느끼지 못했던 예술과 자연의 아름다움 같은 것을 새롭게 체험하는 경우도 있었다. 그 영향으로 때로는 자신을 둘러싸고 있는 끔찍한 상황을 완전히 잊어버리기도 했다. 누군가 아우슈비츠에서 바바리아 수용소로 옮겨지는 호송 열차에서 작은 창살 너머 석양빛으로 찬란하게 빛나는 잘츠부르크 산 정상을 바라보는 수감자들의 얼굴을 보았다면, 삶과 자유에 대한 희망을 모두 포기한 사람의 얼굴이라고 절대 믿지 않았을 것이다. 그런 상황임에도 — 어쩌면 바로 그런 상황이라서 — 수감자들은 그토록 오래 그리워하던 자연의 아름다움에 흠뻑 빠져들었다.

수용소에서 일할 때도 그랬다. 우리는 일하고 있는 옆 동료를 종종 불러 바바리아 숲의 키 큰 나무 사이로 햇빛이 비치는 아름다운

풍경(독일의 화가 알브레히트 뒤러의 유명한 수채화처럼)을 바라보게 했
다. 우리가 대규모 비밀 군수품 제조 공장을 짓는 데 동원됐던 바로
그 숲이었다.

어느 날 저녁이었다. 죽도록 피곤한 몸으로 수프 그릇을 들고 막
사 바닥에 앉아 있는데 동료 하나가 달려왔다. 집합장으로 가서 해
가 지는 멋진 풍경을 보라는 것이었다. 우리는 밖으로 나가서 빛나
는 서쪽, 짙은 청색에서 핏빛으로 끊임없이 색과 모양이 변하는 구름
과 살아 숨 쉬는 하늘을 바라보았다. 진흙 바닥에 생긴 웅덩이에 비
친 하늘과 빛나는 풍경이 잿빛으로 지은 초라한 막사와 날카로운 대
조를 이루었다. 감동을 받은 사람들은 한동안 말이 없었다. 잠시 뒤
누군가 이렇게 말했다.

"세상이 이렇게 아름다울 수도 있다니!"

빛은 어둠 속에서도 빛난다

그날도 우리는 참호 속에서 일했다. 잿빛 새벽이 우리를 둘러싸고 있
었다. 우리 위에 있는 하늘도 잿빛이었고, 창백한 새벽빛에 반사되는
눈도 잿빛이었다. 동료가 걸친 넝마도 잿빛이었고, 얼굴도 잿빛이었
다. 나는 이때도 아내와 침묵의 대화를 나누고 있었다.

어쩌면 당시 나는 내 고통과 내가 서서히 죽어 가야 하는 상황에
대해 정당한 '이유'를 찾으려 애썼는지도 모른다. 곧 닥칠 절망적인

죽음에 마지막으로 격렬하게 항의하는 듯이 말이다. 내 영혼이 사방을 뒤덮은 음울한 빛을 뚫고 나오는 것을 느꼈다. 그것이 절망적이고 의미 없는 세계를 뛰어넘는 것을 느꼈다. '삶에 궁극적인 목적이 있는가'라는 나의 질문에 어디선가 '그렇다'라고 하는 활기찬 대답을 들었다.

바로 그 순간, 수평선 저 멀리 그림처럼 서 있던 농가에 불이 들어왔다. 바바리아의 동트는 새벽, 초라한 잿빛을 뚫고 불이 켜졌다.

어둠 속에서도 빛은 있나니.

빛은 어둠 속에서 빛났다. 나는 몇 시간 동안 얼어붙은 땅을 파면서 서 있었다. 감시병이 지나가면서 욕했고, 나는 또다시 사랑하는 사람과 대화를 나누었다.

점점 더 그녀가 곁에 있는 듯 느껴졌다. 아내는 정말로 내 곁에 있었다. 아내를 만지고, 손을 뻗어 아내의 손을 잡을 수 있을 것 같았다. 그 느낌이 너무나 생생했다. 아내가 정말 '거기에' 있었던 것이다. 그때 새 한 마리가 날아와 내가 파놓은 흙더미 위에 앉았다. 그리고 천천히 나를 바라보았다.

수용소 안 사람들의 예술

앞에서 나는 예술에 대한 이야기를 했다. 강제 수용소 안에서도 예술을 할 수 있을까? 무엇을 예술이라고 부르느냐에 따라 다를 것이다.

수용소에서는 즉석에서 카바레[*] 비슷한 것이 만들어질 때가 종종 있었다. 잠깐 막사 안을 깨끗이 치우고, 나무 의자를 밀거나 함께 못질을 한다. 그런 다음 프로그램을 짠다. 저녁이면 수용소 안에서 비교적 처지가 좋은 사람들이 — 수용소를 떠나지 않아도 되는 사람들이나 카포 — 그곳에 모인다. 몇 번은 웃고, 또 몇 번은 울려고 이곳에 오는 것이다. 어쨌든 자기들이 처해 있는 현실을 잊을 수 있으니 말이다. 노래를 부르고, 시를 낭송하고, 촌극도 했다. 그 가운데에는 수용소 현실을 풍자한 것도 있었다. 모든 것은 현실을 잊으려고 만든 것이었으며, 현실을 잊는 데 진짜 도움이 됐다. 이 모임은 매우 인기가 있어서 거기에 가면 하루 양식을 못 먹는데도 피곤한 몸을 끌고 카바레를 찾는 평범한 수감자도 있었다.

30분 주어진 점심시간에 우리는 작업장에서 수프(외부 건설회사가 그 비용을 댔는데, 그렇게 많은 돈을 대지는 않았다)를 배급받으면서 아직 다 지어지지 않은 엔진실에 가서 먹어도 된다는 허락을 받았다. 국자로 퍼 준 멀건 수프를 들고 기관실로 갔다. 우리가 게걸스럽게 수프를 먹고 있는 동안, 한 사람이 술통 위로 올라가 이탈리아 아리아를 한 곡 불러 젖혔다. 우리는 그 노래를 정말로 좋아했다. 그에게는 곧 '바닥을 긁어서 퍼 주는(이것은 콩알 몇 개가 더 들어간다는 것을 뜻한다)' 수프 두 국자가 상으로 돌아갔다.

[*] 카바레 공연을 하는 식당이나 클럽

홍을 돋는 일에만 보상이 있는 것은 아니었다. 칭찬에도 보상이 있었다. 한번은 이런저런 이유로 수용소에서 '살인마 카포'라고 불리는 사람에게서 다른 사람들을 보호해야 할 일(내가 그런 보호가 필요하지 않는 처지인 게 얼마나 다행스러웠는지!)이 생겼다.

일의 전말은 이랬다. 어느 날 저녁 나는 다시 교령술 회합이 열리는 데 초대되는 영광을 얻었다. 지난번처럼 주치의와 친한 친구들이 모였으며, 불법으로 참석했던 위생 담당 사관도 또 와 있었다.

그런데 그 살인마 카포가 우연히 여기 들렀다가 우리 요청으로 시한 편을 낭송하게 되었다. 그의 시는 수용소 안에서 이미 유명한, 아니 악명 높은 시였다. 두 번 청할 필요도 없이 그가 자리에서 얼른 일어났다. 일기장 비슷한 것을 꺼내더니 거기에 적혀 있는 자기 예술의 시험작을 읽어 내려가기 시작했다. 직접 지은 사랑의 시를 읊는 동안 나는 터져 나오는 웃음을 참으려고 입술을 깨물었다. 아마 그렇게 했기 때문에 내 목숨을 지킬 수 있었을 것이다. 나는 칭찬에 너그러운 편이어서 만약 내가 그의 작업반에서 일했다 하더라도(사실 그 전에 하루 동안 그의 작업반에서 일한 적이 있었다. 그 하루로 충분했지만) 목숨을 지킬 수 있었을 것 같다. 어쨌든 그 살인마 카포에게는 좋은 인상을 주는 게 중요했다. 그래서 나는 죽어라 박수를 쳤다.

대체로 수용소 안의 예술 행위라면 그게 어떤 종류의 예술이든 어느 정도 기괴한 면이 있었다. 수용소 사람들이 예술 행위에 깊게 감동받았던 것은 음울한 현실과 예술 사이에 놓인 엄청난 거리를 뼈저리게 느끼기 때문이었다.

나는 지금도 아우슈비츠에서 맞은 두 번째 밤을 생생하게 기억한다. 완전히 지쳐서 깊게 잠들었다가 음악 소리 때문에 깼다. 막사 입구에 있는 고참 관리 방에서 축하 파티가 벌어진 것 같았다. 술에 취해 왁자지껄하는 소리에 진부한 노래도 들렸다. 그러다가 갑자기 방이 조용해졌다. 얼마 있자 바이올린이 흐느낌을 토해 내는 듯한 애끓는 탱고 선율이 조용한 밤하늘로 울려 퍼졌다. 너무 많이 연주되어서 식상한 느낌이 나는 곡이 아니었다. 바이올린이 흐느끼는 소리에 나도 덩달아 흐느꼈다. 그날은 바로 어떤 사람의 24번째 생일이었다. 아우슈비츠 수용소의 다른 편 막사에 누워 있는 그 사람. 어쩌면 겨우 몇백 야드 혹은 몇천 야드에 떨어진 곳에 있는지도 모르지만 내가 절대 갈 수 없는 그곳에 있는 사람. 바로 내 아내였다.

수용소 안 사람들의 유머

강제 수용소에 예술 비슷한 것이 있었다는 것에 놀라워하는 사람이 있을 것이다. 하지만 예술뿐만 아니라 유머도 있었다는 것을 알면 더욱 놀랄 것이다. 비록 아주 희미하거나 몇 초, 몇 분이었지만 유머는 자기를 지키는 투쟁에 필요한 또 다른 무기였다. 이미 잘 알겠지만 유머는 그 어떤 상황이라도 딛고 일어설 수 있는 능력과 초연함을 가져다준다.

건축 공사장에서 일할 때, 나는 옆에 일하는 친구를 놓고 진짜로 유머 감각을 키우는 연습을 했다. 친구에게 적어도 하루에 한 가지씩 재미있는 이야기를 만들어 내자고 했다. 이야기 소재는 우리가 풀려난 다음 일어날 수 있는 일이었다. 친구는 외과 의사로, 큰 병원에서 보조 스태프로 일한 적이 있었다. 그래서 그가 풀려나 전에 일하던 병원으로 돌아갔을 때, 수용소 생활에서 얻은 습관을 쉽게 버리지 못해서 일어날 수 있는 일들을 지어서 들려주었다. 그는 웃었다.

건축 공사장에서는(특히 총감독이 와서 살필 때에는) 감독이 일을 빨리하라고 우리에게 고함을 질러댔다.

"빨리빨리 움직여!"

내가 친구에게 말했다.

"자네가 수술실에 들어가 큰 개복 수술을 하게 됐어. 그런데 갑자기 수술 보조원이 달려와 외과 과장이 도착했다고 알려 주면서 소리치는 거야. 빨리빨리 움직여!"

가끔은 다른 동료들도 나중에 일어날 수 있는 재미있는 이야기를 했다. 여기서 풀려난 어느 날 저녁 식사 초대를 받았는데, 자기가 풀려났다는 사실을 깜빡 잊고는 그 집 안주인에게 이렇게 부탁할 수 있다는 거였다.

"통 밑바닥까지 집어넣어 퍼 주세요."

유머 감각을 키우거나 무언가를 재미있게 보려고 한 것은 살아가는 기술을 배우며 터득한 하나의 요령이었다. 고통이 곳곳에 도사리고 있는 수용소에서도 이런 삶의 기술을 쓸 수 있다. 유추해 보자. 인간의 고통은 기체가 움직이는 것과 비슷하다. 일정한 양의 기체를 빈 방에 들여보내면 그 방이 아무리 크더라도 아주 고르게 방 전체를 완전히 채운다. 마찬가지로 인간의 고통도 그 고통이 크든 작든 상관없이 인간의 영혼과 의식을 완전히 채운다. 따라서 고통의 '크기'는 완전히 상대적이라고 말할 수 있다.

수용소에서 행복을 느낀 순간들

이것은 아주 사소한 일이 큰 즐거움을 가져다줄 수 있다는 말이 되기도 한다. 아우슈비츠에서 다하우에 있는 한 수용소로 갈 때의 일을 얘기해 보겠다. 당시 우리는 이 기차가 마우트하우젠 수용소로 가게 될까 봐 두려워했다. 도나우강에 걸쳐 있는 다리가 점점 가까워질수록 긴장이 되었다. 여행을 많이 해 본 친구가 마우트하우젠으로 가려면 도나우강을 건너야 한다고 했기 때문이다. 우리 기차가 다리를 건너지 않고 '그냥' 다하우로 간다는 사실을 알았을 때, 기차 안에서 얼마나 기쁘게 춤 잔치를 벌였는지 직접 겪지 못했다면 상상이 안 될 것이다.

2박 3일 동안의 여행이 끝나고 마침내 수용소에 도착했을 때, 과연 무엇이 우리를 기다리고 있었을까? 기차 안은 너무 좁아서 한꺼번에 사람들이 다 앉을 수 없었다. 사람들 몇몇이 오줌으로 축축하게 젖은 짚단 위에 교대로 앉았고, 나머지 사람들은 내내 서 있었다.

우리가 작은(수용 인원이 2,500명밖에 안 됐다) 이 수용소에 도착했을 때, 나이 많은 사람에게서 들은 첫 번째 이야기는 여기에 살인용 오븐도, 화장터도, 가스실도 없다는 것이었다! 그 말은 몰골이 '회교도'로 변한 사람도 가스실로 갈 염려가 없다는 것을 뜻했다. 아우슈비츠로 돌려보내기 위해 '환자 수송차'가 올 때까지는 적어도 안전했다. 이 기쁜 소식이 기분을 들뜨게 했다. 아우슈비츠에 있던 우리 고참 관리인이 소망하던 일이 드디어 이루어진 것이다. 아우슈비츠와 다르게 '굴뚝'이 없는 그 수용소에 모두가 서둘러 뛰어들어 갔다. 그 뒤 몇 시간은 아주 힘들었지만, 그러면서도 우리는 연신 웃으며 농담을 주고받았다.

도착한 다음 인원 점검을 하는데 한 사람이 없어진 것을 알았다. 우리는 없어진 사람을 찾을 때까지 몇 시간 동안 차가운 바람과 비를 맞으며 밖에 서 있었다. 그를 막사 안에서 결국 찾았다. 피곤에 지쳐 그만 잠에 곯아떨어진 것이었다. 그다음 인원 점검은 기합으로 바뀌었다. 오래 기차를 타고 온 다음, 긴장도 풀지 못한 채 밤을 꼬박 새우고 이튿날 아침 늦게까지 비를 맞으며 꽁꽁 언 채로 밖에 서 있어야 했다. 그래도 여전히 행복했다. 이 수용소에는 굴뚝이 없고, 아우슈비츠는 아주 먼 곳에 있다!

한번은 죄수들 한 무리가 우리 앞을 지나가는 것을 봤다. 그 사람들을 보니 우리 고통이 얼마나 크게 느껴지던지! 그 죄수들이 누리고 있는 더 정돈되고, 안전하고, 행복한 생활이 부러웠다. 때마다 틀림없이 목욕을 할 거라고 생각하니 내 신세가 더욱 처 해졌다. 분명 칫솔과 옷솔을 갖고 있을 거야. 매트리스도 각자 나씩 있겠지. 한 달에 한 번씩은 편지도 받을 거야. 가족들이 게 지내는지, 적어도 그들이 죽었는지 살았는지는 알 수 ㅇ 그런 편지 말이야. 우리는 이미 아주 오래전에 이 모든 것ㅇ 어버렸다.

공장에 들어가 안전한 실내 일하는 사람은 또 얼마나 부러워는지! 목숨을 지킬 수 있 운 한 조각을 얻는 것이 그때 우리가 바란 전부였다. 상대 행운의 척도는 이것 말고도 많았다. 수용소 밖으로 나가서 는 사람들(나도 여기에 속해 있었다) 중에는 다른 데보다 더 열 환경에 있는 작업반이 있었다. 이들은 매일 열두 시간씩 가 언덕과 진흙탕을 오가며 좁은 선로를 따라 옮겨 날라온 통을 는데, 편한 일을 하는 사람들을 무척 부러워했다. 매일의 사고 부분은 바로 이곳에서 일어났다. 그리고 그 결과는 대개 치명 이었다.

감독이 여기의 전통이라면서 수없이 주먹을 휘두르는 작업반에 배치된 사람도 있었다. 우리는 그런 작업반에 들어가지 않게 된 것에, 아니면 갔더라도 그곳에서 잠깐만 일했던 것에 참 운이 좋았다고 얘기하곤 했다. 그런데 운 나쁘게도 내가 그 작업반에 들어가게 됐다. 다행히 두 시간(그동안 감독이 줄곧 나를 보고 있었다) 만에 공습경보가 울려서 작업이 중단되고, 그 뒤로 작업조를 다시 짜지 않았다. 만일 그렇지 않았다면 나는 지쳐서 죽었거나 죽어 가는 사람들을 실어 나르는 대형 수레에 실려 수용소로 되돌아왔을 거다. 사이렌 소리를 듣고 느낀 안도감이 어떤 것인지 아무도 상상하지 못할 것이다. 한 라운드가 끝나는 종소리를 듣고, 녹아웃될 위기를 가까스로 벗어난 권투 선수의 심정이 바로 이런 걸까.

우리는 아주 작은 은총에도 고마워했다. 잠자리에 들기 전 이를 잡을 시간을 준다는 것도 반가웠다. 물론 이를 잡는 일이 결코 유쾌한 건 아니었다. 이를 잡으려면 천장에 고드름이 주렁주렁 매달린 추운 막사에서 일단 옷을 벗고 서 있어야 했기 때문이다. 그럼에도 이를 잡는 동안 공습경보가 울리지 않아 전등불이 나가지 않았다는데 감사했다. 이 시간에 이를 제대로 잡지 못하면 하룻밤의 절반은 꼬박 깨어 있어야 했으니까.

수용소 생활에서 느끼는 작은 행복은 소극적인 행복(독일의 철학자 쇼펜하우어가 '고통으로부터의 자유'라고 했던)이었다. 다른 것과 비교를 해야 느낄 수 있는 상대적인 행복 말이다. 진정한 의미의 행복은 아무리 작은 것이라도 거의 없었다.

나는 즐거움을 대차 대조표*로 만들어 보았다. 그렇게 해 보니 지난 수 주 동안 나에게 즐거운 순간이 딱 두 번밖에 없었다는 걸 알게 됐다. 하나는 일을 마치고 나서 취사실 줄을 길게 서서 기다릴 때였다. 나는 요리사 F 줄에 서는 행운을 잡았다.

같은 수감자였던 요리사 F는 커다란 국 냄비를 앞에 놓고 사람들이 지나가면서 내미는 그릇에 빠르게 수프를 퍼 주고 있었다. 그는 수프를 퍼 주면서 그릇을 내민 사람을 쳐다보지 않는 유일한 요리사였다. 자기 친구나 고향 사람에게는 몇 알 안 되는 감자를 주고, 다른 사람에게는 위에서 살짝 걷어 낸 희멀건 국물만 주는 짓을 하지 않았다. 그는 누구에게나 공평하게 수프를 나누어 주었다.

물론 자기가 아는 사람을 다른 사람보다 더 챙기는 행동을 비판하고 싶지는 않다. 언제 죽을지 알 수 없는 상황에서 친구에게 호의를 베풀겠다는데 누가 돌을 던지겠는가? 자기가 같은 처지가 되었을 때 정말로 그런 짓을 하지 않겠다는 확신이 서지 않는 한 아무도 비난할 수 없을 것이다.

정말로 행복했던 환자 생활

오랜 시간이 흐른 뒤, 내가 정상적인 생활(수용소에서 풀려나고도 아주 오랜 시간이 흘렀다)을 할 수 있을 만큼 되었을 때, 누군가 주간 회보에 실린 사진을 보여 주었다. 죄수들이 침상 위에 빽빽하게 누워서 흐리멍덩한 시선으로 방문객을 바라보는 사진이었다.

"정말 무섭지 않습니까? 사람을 바라보는 저 무시무시한 얼굴들을 보십시오. 이 모든 게 너무나 끔찍하지 않습니까?"

※ **대차 대조표** 회사에서 재정 상태를 알아보기 위해 자본과 부채(빚)를 나누어 만든 표

"어째서요?"

나는 물었다. 정말로 그 말을 이해할 수 없었기 때문이다. 바로 그 순간 과거에 일어났던 모든 일들이 눈앞을 스쳐 지나갔다.

새벽 5시, 밖은 아직 어둠에 묻혀 있었다. 나는 사람들 70명이 '치료받고 있는' 흙으로 만든 막사 안 딱딱한 판자 위에 누워 있었다. 우리는 병에 걸려서 일하러 가지 않아도 되었다. 행진에 나갈 필요도 없었다. 하루 종일 막사 한 귀퉁이에 누운 채로 졸면서 그날의 빵(물론 병자는 다른 사람보다 적게 주었다)과 수프(물을 타서 결국 양이 줄어든)가 배급되기를 기다렸다. 그때 얼마나 이 상황이 만족스러웠는지 모른다. 모든 게 불편했지만 행복했다. 체온이 떨어지지 않기 위해 몸을 꼭 붙이고, 손 하나 까딱하지 않는 나른한 상태로 지냈다. 이제 막 돌아온 야간 당번들이 인원 점검을 받는 운동장에서 나는 날카로운 호루라기와 구령 소리를 들으면서 말이다.

마침 그때 문이 활짝 열리면서 막사 안으로 눈보라가 몰아쳐 들어왔다. 지칠 대로 지친 동료 하나가 눈을 뒤집어쓴 채 비틀거리며 안으로 들어왔다. 단 몇 분이라도 앉아 쉬려고 한 것 같았다. 하지만 고참이 그를 밖으로 쫓아냈다. 인원 점검을 하는 동안은 외부 사람이 막사 안에 들어오는 게 엄격하게 금지됐기 때문이다. 그때 내가 얼마나 그 친구에게 미안했는지, 그와는 다르게 병에 걸려 막사에서 졸 수 있다는 사실이 얼마나 기뻤는지! 그곳에서 보낸 이틀과 다시 주어진 이틀이 내 생명을 보존하는 데 얼마나 큰 도움이 됐는지 모른다.

잡지에 실린 사진을 보는 순간 이 일들이 마음속에 모두 떠올랐다. 이 이야기를 그 사람에게 들려주었고, 그제야 그는 내가 사진을 별로 끔찍하게 생각하지 않는 이유를 알았다. 사진 속 사람들은 전혀 불행하지 않을 수도 있는 것이다.

막사에 누워 있은 지 사흘째 되는 날, 나는 야근 당번으로 뽑혔다. 그때 주치의가 와서는 발진 티푸스 환자가 모여 있는 다른 수용소에서 의료 자원봉사자로 일하지 않겠냐고 물었다. 친구가 몹시 말렸지만(내 동료 의사 중에 이런 일에 자원하는 사람이 하나도 없었음에도) 나는 가기로 결심했다. 내가 작업반에서 다시 일한다면 오래 지나지 않아 죽게 될 것을 알고 있었다. 만약 죽어야 한다면 내 죽음에 어떤 의미를 새기고 싶었다. 의사로서 동료들을 돕다가 죽는 것이 전처럼 비생산적인 일을 하는 노동자로 무기력하게 살다가 죽는 것보다는 확실히 의미있다고 생각했다.

이것은 단순한 계산이지 희생이 아니었다. 그때 위생 사관이 비밀리에 발진 티푸스 병동으로 자원해 가는 우리들을 특별히 잘 '간호'하라는 명령을 내렸다. 우리가 너무 쇠약해져 있어서 자칫 의사 두 명 대신에 시체 두 구를 덤으로 얻게 될까 봐 겁이 났던 것이다.

무리로 틈어가서 눈에 띄지 않게
수용소에서는 자기 목숨이나 친한 친구의 목숨을 구해야 한다는 절박한 문제 말고는 그 모든 것들이 가치를 잃었다는 걸 이미 얘기했다. 이 목적을 위해 다른 모든 가치가 희생됐다. 자신의 모든 가치가 위협받고, 그것을 또 의심하게 된 사람들은 정신적 혼란에 시달렸다. 인간의 생명과 존엄성이 지닌 가치가 더는 인정을 받지 못하는 세계, 인간의 의지를 빼앗고 단지 처형될(처음부터 이용할 대로 이용하고, 몸의 마지막 한 점까지 다 이용하도록 계획되어 있는) 대상으로 여기는 세계, 이런 세계에서 개인의 자아는 끝내 가치를 잃을 수밖에 없다.

강제 수용소에 있는 사람이 마지막 자존심을 지키겠다고 맞서 싸우지 않으면, 그는 인간이라는 생각, 마음과 내적인 자유와 인격적 가치를 가진 인간이라는 생각을 결국 잃어버리게 된다. 자신을 그저 거대한 군중의 한 부분인 존재로 여기게 된다. 존재가 짐승과 같은 수준으로 떨어지는 것이다. 생각과 의지가 없는 양 떼처럼 무리 지어 — 때로는 여기에 있다가 그다음에는 저기로, 때로는 몰려다니다가 때로는 서로 떨어져 다니는 — 다닐 뿐이다.

수가 적긴 해도 아주 위험한 사람 무리가 사방에서 우리를 감시하고 있다. 고문하고 남을 괴롭히는 일을 아주 잘하는 자들이다. 끊임없이 고함치고, 발길질과 주먹질을 해대며 뒤에서 앞으로 우리들을 몰아간다. 우리 양 떼는 오로지 두 가지 생각만 한다. 어떻게 하면 저 무서운 개들을 피할까, 어떻게 하면 음식을 먹을 수 있을까.

떼를 지어 무리 한복판으로 슬금슬금 들어가려는 양과 마찬가지로 우리들은 행렬 한가운데로 들어가려고 애썼다. 행렬 양옆과 앞뒤에 있는 감시병들의 주먹질을 피할 수 있는 여지가 그만큼 많아지기 때문이다. 게다가 한가운데에 서면 매서운 바람을 덜 맞을 수 있다는 장점도 있다. 목숨을 구하기 위해 우리는 글자 그대로 군중 속에 자기 자신을 파묻으려고 애썼다. 이런 일은 행렬을 만들 때 거의 무의식적으로 일어났다. 때로는 수용소 안에서 가장 절박한 자기 보존의 법칙을 따라 의식적으로 이렇게 행동하는 경우도 있었다. 그 법칙은 될 수 있는 대로 눈에 띄지 않는 것이었다. 나치 대원들의 눈에 뜨이지 않으려고 이처럼 늘 노력을 기울였다.

혼자 있는 시간을 바라다

수용소에서도 사람들과 떨어져 혼자 있을 수 있는 시간이 있었다. 꼭 그럴 필요가 있을 때도 있었다. 잘 알다시피 강제 공동생활 속에서 하는 모든 일은 항상 다른 사람의 시선을 끌었다. 잠시만이라도 사람들에게서 벗어나 혼자 있고 싶다는 생각이 강하게 들었다. 수용소에 갇힌 사람들은 혼자 있게 되기를, 혼서 사색에 잠길 수 있기를 간절히 바랐다. 개인적인 공간, 혼자 있는 고독을 정말로 원했다. '요양소'라고 불리는 곳으로 옮긴 뒤, 나는 5분 정도 한 번씩 혼자 고독을 즐기는 흔치 않은 행운을 누리게 됐다.

내가 일하는 막사에는 정신 착란승 환자가 50명쯤 수용되어 있었다. 막사 뒤 수용소를 두 겹으로 둘러친 철조망 한 귀퉁이에 아주 조용한 곳이 있었다. 시신 여섯 구(수용소에서는 하루 평균 이 정도 사람이 죽었다)를 놓아두기 위해 기둥 몇 개와 나뭇가지를 엮어서 세운 임시 천막이 거기에 있었다. 배수관으로 통하는 구멍도 나 있었다. 나는 일이 없을 때마다 이 구멍의 나무 뚜껑 위에 쭈그리고 앉아 있곤했다. 그냥 앉아서 꽃이 만발한 초록빛 산등성이를 바라보거나 철조망의 마름모꼴 그물눈 안에 들어가 있는 먼 바바리아의 푸른 언덕을 바라보았다. 나는 간절하게 꿈을 꾸었다. 그러면 내 마음은 북쪽에서 북서쪽, 내 집이 있는 방향으로 날아갔다. 그러나 보이는 것은 구름뿐이었다.

옆에 놓인 시체, 이가 득실거리는 그 시체도 문제가 되지 않았다. 감시병이 지나가는 걸 알려 주는 발소리만이 나를 꿈에서 깨울 수 있었다. 병실에서 부르는 소리나 새로 들어온 의약품 — 약이라고 해 봐야 아스피린 다섯 알에서 열 알이 전부였다. 50명 환자가 있는 막사에서 며칠이면 바닥이 났다 — 을 받아 가라는 소리 때문에 꿈에서 깨기도 했다.

약을 받은 다음에는 회진을 했다. 환자들의 맥박을 일일이 재어 보고 상태가 위급한 환자에게는 약을 반 알씩 주었다. 가망이 없는 환자에게는 약을 주지 않았다. 약이 아무런 도움이 되지 않고, 가망 있는 환자들에게 써야 할 약을 빼앗는 것과 같아서였다. 증세가 가벼운 환자에게는 격려하는 말 말고는 아무것도 해 주지 않았다. 나 역시 발진 티푸스에 심하게 걸려서 완전히 기진맥진해 있었다. 몸을 끌

다시피 하며 이 환자에서 저 환자로 옮겨 가며 돌보고는 다시 배수구 나무 뚜껑 위에 있는 혼자만의 장소로 돌아가곤 했다.

여기에 있는 배수관 구멍 덕분에 어느 날 내 친구 세 명의 목숨을 구할 수 있었다. 수용소에서 풀려나기 바로 전, 다하우가 목적지가 되는 대규모 수송 작전이 있었다. 세 친구들은 아주 약삭빠르게 여기서 피했다. 구멍 안으로 들어가 감시병의 눈을 따돌린 것이다. 친구들이 구멍으로 들어갔고, 나는 조용히 뚜껑 위에 앉아 아무것도 모른다는 순진한 표정으로 어린아이처럼 철조망에 자갈을 던지고 있었다. 감시병이 나를 보고 잠시 망설였지만 그냥 가 버렸다. 그가 간 다음 나는 밑에 있는 세 친구들에게 아주 위험한 상황은 지나갔다고 알려 주었다.

중요한 건 사람이 아닌 번호

수용소에서 사람 목숨은 정말 가치가 없었다. 경험하지 못하고서는 잘 모를 것이다. 감정이 무뎌진 수용소 사람들도 병든 사람을 옮기는 동안에는 이곳에서 인간 존재로 얼마나 철저하게 무시당하고 있는지 느낄 수 있었다. 다 죽어 가는 병자의 몸은 바퀴 두 개 달린 수레에 던져진다. 동료 수감자는 그 수레를 끌고 눈보라가 몰아치는 길을 몇 마일이나 걸어서 다른 수용소로 옮긴다. 만약 병자 가운데 한 명이 수레가 떠나기 전에 죽는다 해도 마찬가지로 수레에 던져진다.

리스트에 올린 번호와 맞아야 하기 때문이다. 중요한 건 번호다. 오로지 죄수 번호를 가지고 있을 때 그 사람이 의미가 있다. 사람은 글자 그대로 번호가 되었다. 그 사람이 죽었는지 살았는지는 상관할 바 아니다. 그 '번호'의 생명은 철저하게 무시된다. 그 번호 이면에 있는 것, 그러니까 그의 삶은 그렇게 중요한 것이 못 된다. 그의 운명, 살아온 경력, 이름은 아무것도 아니다.

나는 의사 자격으로 바바리아의 수용소에서 다른 수용소로 환자를 보낼 때 함께한 적이 있었다. 옮겨 가는 환자 중 젊은이가 있었는데, 그의 형이 이동 명단에 들지 못하고 남겨졌다. 젊은이는 수용소 관리인에게 오랫동안 사정했다. 관리인은 결국 수용소에 남기를 원하는 사람과 그의 형을 바꾸기로 했다. 물론 리스트가 정확하게 맞아야 했는데, 그건 간단한 일이었다. 형의 번호와 남아 있는 사람의 번호를 바꾸면 그만이었다.

앞에서도 얘기했듯이 우리에게는 아무런 서류가 없었다. 모두가 아직도 숨 쉬고 있는 자기 몸 하나를 가지고 있다는 데 안도했다. 환자를 옮기는 사람들이 보는 건 환자가 가진 유일한 물건, 그러니까 끔찍한 해골 위에 씌워 놓은 넝마뿐이었다. 환자 호송을 맡은 사람들은 뻔뻔하게도 이들 '회교도'의 외투나 신발이 자기 것보다 좋은 것인지를 살폈다. 결국 운명은 정해진 순서를 따라가는 것이니까.

수용소에 살아남은 사람들, 여전히 일할 능력이 있는 사람들은 살 가능성을 높이기 위해 온갖 수단을 다 썼다. 절대로 감상에 빠지는

일은 없었다. 목숨이 완전히 감시병들의 기분 — 운명의 노리개라고
나 할까? — 에 달려 있다는 것을 알고 있었고, 이것이 그들 자신을
환경이 그렇게 만든 것보다 훨씬 더 비인간적이 되도록 했다.

운명이 정해 놓은 길

아우슈비츠에 있을 때 나를 위한 규칙 하나를 만들었는데, 이것이
좋다는 것이 알려져서 내 동료들 모두가 이 규칙을 따랐다. 나는 어
떤 질문에도 성실하게 대답하는 편이다. 하지만 딱 꼬집어서 질문을
받지 않은 부분에는 침묵했다. 누군가 내 나이를 물으면 말해 주었
다. 하지만 내 직업을 물으면 다른 수식어를 붙이지 않고 그냥 '의사'
라고만 했다.

　아우슈비츠에서 처음 아침을 맞았을 때, 친위대 장교 한 사람이 인
원 점검장에 나타났다. 우리는 몇 개의 그룹으로 나누어졌다. 마흔
살 이하, 마흔 살 이상, 정신노동자, 기계공 등이었다. 그다음 탈장
검사를 받았고, 그 결과에 따라 새롭게 그룹이 지어졌다. 내가 있던
그룹은 다른 막사로 가게 됐다. 거기에 가서 다시 줄을 섰고, 또 분
류가 되었다. 내 나이와 직업도 물어보았다. 나는 또 다른 작은 그룹
으로 갔다. 다시 우리를 다른 막사로 보냈고, 거기서 또 다른 그룹이
만들어졌다. 이런 과정이 몇 번이나 반복되었는데, 거기서 나는 기
분이 아주 나빠졌다. 알아들을 수 없는 외국 말을 하는 사람들 그룹

에 들어갔기 때문이다. 마지막 선별 작업이 다시 이루어졌다. 나는 처음 막사에 있을 때 속한 바로 그 그룹으로 다시 돌아왔다. 그동안 내가 이 막사에서 저 막사로 옮겨 다녔다는 사실은 아무도 눈치채지 못했다. 그러나 나는 알았다. 바로 그 몇 분 동안 여러 형태의 운명이 나를 스쳐 지나갔다는 것을.

병든 사람을 '요양소'로 데려갈 때 내 이름(내 번호)이 리스트에 올라갔다. 의사가 몇 명 필요해서였다. 그러나 그 목적지가 요양소라고 믿는 사람은 아무도 없었다. 몇 주 전에도 비슷하게 사람들을 이동시키려 했는데, 그때 사람들은 옮겨가는 환자들이 모두 가스실행이라고 확신했다. 수용소에서 이동할 환자 가운데 자원해서 야간작업반에 가겠다는 사람들은 명단에서 빼 주겠다고 했다. 순식간에 82명이 자원했다. 하지만 15분 뒤, 환자 호송 계획은 취소됐다. 82명은 야간작업반 리스트에 그대로 남아 있었다. 환자들 대부분에게 야간작업을 한다는 것은 곧 2주 안에 죽는다는 것을 의미했다.

두 번째 환자 호송 계획이 세워졌다. 이때는 이 계획이 환자들의 남은 노동력 — 비록 14일 동안이지만 — 을 쥐어짜려는 것인지 아니면 가스실로 데려가려는 것인지 아니면 정말로 요양소로 보내려는 것인지 아무도 아는 사람이 없었다. 그날 저녁 10시가 되기 15분 전, 평소 나를 잘 봐주었던 주치의가 다가오더니 넌지시 이렇게 말했다.

"내가 당직실에 얘기를 잘 해 두었소. 당신을 리스트에서 빼도록 했으니 10시까지 당직실로 가 보시오."

하지만 그게 내 길이 아니라고, 나는 운명이 정해 놓은 길로 가야 한다는 것을 배웠다고 말했다.

"나는 친구들 곁에 있는 것이 더 좋습니다."

이렇게 말했다. 그의 눈이 연민의 빛을 띠었다. 마치 내 운명을 알고 있기나 하는 것처럼. 말없이 나에게 악수를 청했다. 삶을 위한 악수가 아니라 삶과 작별하는 악수였다. 나는 천천히 걸어서 막사로 돌아왔다. 막사에는 친한 친구가 나를 기다리고 있었다.

"자네 정말로 그 사람들과 함께 가려고 하나?"

그가 슬픈 표정으로 물었다.

"그렇다네. 나는 갈 거야."

그의 눈에서 눈물이 흘러나왔다. 나는 그를 진정시키려고 애썼다. 그런 다음 할 일이 있었다. 유언을 하는 것이었다.

"잘 듣게, 오토. 만약 내가 집과 아내에게 다시 돌아가지 못한다면, 그리고 자네가 내 아내를 다시 만나게 된다면 이렇게 전해 주게. 내가 매일 매시간 그녀와 대화를 나누었다고 말이야. 잘 기억하게. 두 번째로는 내가 누구보다 그녀를 사랑했다고. 세 번째로는 내가 그녀와 함께했던 그 짧은 결혼 생활이 이 세상의 모든 것, 여기서 겪은 그 모든 일보다 더 소중한 의미였다고 전해 주게."

오토, 자네는 지금 어디에 있나? 아직 살아 있나? 우리가 마지막 시간을 함께 보낸 다음 자네에게 무슨 일이 있었나? 자네 아내를 다시 만났나? 그리고 기억하나? 자네가 어린아이처럼 눈물을 흘리는 동안에도 내가 자네에게 내 유언을 한마디 한마디 외우게 했던 것을.

살려고 아무리 발버둥 쳐도

이튿날 아침, 나는 환자들과 함께 그곳을 떠났다. 이번에는 속임수가 아니었다. 가스실로 가는 게 아니라 정말 요양소로 가는 것이었다. 이곳 수용소에 남은 사람들은 나를 불쌍하게 여겼지만 나중에 이곳은 우리가 새로 간 수용소보다 훨씬 혹독한 기근에 시달렸다. 자신을 구하고자 그토록 발버둥 쳤지만, 결국 운명은 정해져 있었던 것이다.

몇 달이 지나 수용소에서 풀려나서 그전 수용소에 있던 한 친구를 만났다. 수용소 보안원이었던 그는 시체 더미에서 사라져 버린 사람 조각을 어떻게 찾아냈는지 나에게 말해 주었다. 요리하는 냄비 속에서 찾아내 압수했다는 것이다. 배고픔에 시달린 나머지 수용소 안에서 사람 고기를 먹는 일까지 일어난 모양이었다. 내가 때맞추어 그 수용소를 잘 떠난 셈이다.

'테헤란에서의 죽음'이라는 이야기가 떠오르지 않는가? 돈 많고 권력 있는 페르시아 사람이 어느 날 하인과 함께 자기 정원을 산책하고 있었다. 그런데 하인이 갑자기 비명을 지르면서 방금 죽음의 신을 보았다고 했다. 죽음의 신이 자기를 데려가겠다고 위협했다는 것이다. 하인은 주인에게 가장 빨리 달리는 말을 빌려 달라고 애원했다. 그 말을 타고 오늘 밤 안으로 갈 수 있는 테헤란으로 도망을 치겠다는 것이었다. 주인은 허락했다.

하인이 허겁지겁 말을 타고 떠났다. 주인은 발길을 돌려 자기 집 안으로 들어갔다. 그런데 이번에는 그가 죽음의 신과 마주치게 됐다. 주인이 죽음의 신에게 물었다.

"왜 그대는 내 하인을 겁주고 위협했는가?"

죽음의 신이 대답했다.

"위협하지 않았습니다. 다만 오늘 밤 그를 테헤란에서 만나기로 계획을 세웠는데, 그가 아직 여기 있는 것을 보고 놀랐을 뿐이지요."

운명이 정하는 것과 내가 정하는 것

수용소 사람들은 어떤 결정을 내리거나 어떤 일에 앞장서는 것을 두려워했다. 운명이 자기를 지배한다고 강하게 믿었기 때문이다. 어떤 식으로든 자신이 운명에 영향을 주는 일을 피했고, 대신 운명이 자기에게 정해진 길을 가도록 한다고 생각했다. 게다가 무감각 현상이 심각했다. 무감각은 수감자들 감정의 적지 않은 부분을 차지했다.

종종 확실하게 결정을 해야 할 때도 있었다. 생사를 가르는 결정 말이다. 하지만 사람들은 이때도 운명이 자기 대신 결정해 주기를 원했다. 이렇게 회피하는 태도는 수감자가 수용소에서 탈출할 것인가 말 것인가를 결정할 때 가상 선명하게 드러났다. 결정을 내려야 하는 그 몇 분 동안 — 이런 건 항상 몇 분 안에 결정을 내려야 한다 —

지옥의 고문과 같은 고통을 느끼는 것이다. 탈출해야 할까? 그런 위험을 감수해야 할까?

나도 비슷한 고통을 경험한 적이 있었다. 전선*이 우리 수용소 가까이 왔을 때, 탈출을 시도할 수 있는 기회가 왔다. 수용소에는 의사 출신 동료가 있었다. 그는 수용소 밖에 있는 막사에도 들러 진료를 했는데, 그가 탈출을 계획하면서 나에게도 함께 가자고 했다. 환자 증세에 전문의의 조언이 필요하다는 구실을 만들어 나를 수용소 밖으로 데려간 것이다. 수용소 밖에서는 저항 운동 단체에서 나온 외국인이 기다리고 있다가 우리에게 제복과 문서를 주기로 되어 있었다. 하지만 마지막 순간에 기술적인 문제가 생겨서 다시 수용소로 돌아가야 하는 상황이 됐다. 그래서 우리는 그 기회를 식량 — 상한 감자 몇 알이지만 — 을 준비하고, 배낭을 구하는 데 쓰기로 했다.

먼저 우리는 여자 수용소에 있는 막사로 뛰어들어 갔다. 여자들이 다른 수용소로 옮겨 갔기 때문에 안이 텅 비어 있었다. 막사 안은 엉망진창이었다. 많은 사람들이 보급품을 받은 다음 서둘러 떠난 것이 분명했다. 넝마, 지푸라기, 상한 음식, 깨진 질그릇들이 어지럽게 널려 있었다. 어떤 그릇은 여전히 상태가 좋고 쓸모 있어 보였지만 가져가지 않기로 했다. 나중에 들은 얘기인데, 당시 여자 수용소에서는 상황이 나빠지자 그릇을 음식을 담는 것뿐만 아니라 세숫대야나 변기로도 썼다고 한다(수용소에서는 막사 안에 어떤 기구도 갖고 들어가서는 안 된다는 엄한 규율이 있었다. 하지만 어쩔 수 없이 이 규율을 어겨야 하는 사람들이 있었다. 발진 티푸스 환자처럼 몸이 너무 쇠약해서 도움을 받아도 밖에 나가기 힘든 사람들 말이다).

내가 망을 보는 동안 친구가 막사로 들어갔다. 곧이어 그가 외투 속에 배낭을 숨겨서 나왔다. 막사 안에 다른 배낭도 있다고 해서 그건 내가 가져오기로 했다. 이번에는 역할을 바꾸어 내가 안으로 들어갔다. 나는 쓰레기 더미를 뒤져서 배낭은 물론, 칫솔까지 찾아내는 횡재를 얻었다. 바로 그 순간 뒤에 남겨진 쓰레기 더미 속에서 여자 시신을 보았다.

소지품을 모두 챙기려고 나는 내 막사로 뛰어들어 갔다. 음식을 받는 그릇과 죽은 발진 티푸스 환자에게 '상속받은' 낡은 벙어리장갑 한 켤레, 속기 부호가 쓰인 종이 몇 장(앞에서 말했던 것처럼 나는 아우슈비츠에서 잃어버린 원고를 다시 쓰기 시작했다)이 내 소지품 전부였다.

나는 마지막 회진을 빨리 끝냈다. 환자들은 막사 양쪽에 깔아 놓은 널빤지에 몸을 웅크리고 누워 있었다. 환자 중에서는 유일하게 나와 같은 고향 출신인 사람에게 다가갔다. 그는 거의 죽어 가고 있었다. 하지만 이런 심각한 상태에도 그를 정말로 살리고 싶었다.

나는 탈출할 생각을 한다는 것을 숨겨야 했다. 그렇지만 내 고향 친구는 무언가 잘못됐다는 것을 눈치챈 것 같았다(어쩌면 내가 약간 초조한 기색을 보였는지도 모른다). 다 죽어 가는 목소리로 나에게 이

※ **전선** 진짜 전투가 벌어지는 지역

103

렇게 물었다.

"선생님도 나갈 건가요?"

나는 아니라고 했다. 하지만 슬픈 눈초리를 피하기 힘들었다. 회진을 끝내고 나는 다시 그에게 갔다. 그는 절망적인 눈빛으로 나를 맞았다. 어쩌면 나를 비난하는 눈빛 같기도 했다. 내가 친구에게 함께 탈출하겠다고 하는 순간 일어났던 불편한 감정이 점점 더 심해졌다. 그러고는 운명을 내 손으로 잡겠다고 결심했다.

막사 밖으로 나가 친구에게 함께 탈출할 수 없다고 말했다. 굳건한 태도로 환자 곁에 그대로 남겠다고 친구에게 말하자마자 불편한 감정이 사라졌다. 앞으로 어떤 일이 벌어질지 알 수 없었지만, 그전까지 경험해 보지 못한 내적인 평화가 찾아왔다.

막사로 돌아가 고향 친구의 발끝에 앉아서 그를 안심시켰다. 고열에 시달리는 환자들을 편안하게 해 주려고 노력하면서 다른 사람들과 잡담을 나누었다.

수용소에서의 마지막 날

수용소에서의 마지막 날이 됐다. 전선이 점점 다가오고 있었기 때문에 수감자 모두를 다른 수용소로 옮기는 대규모 수송 작전이 이루어졌다. 수용소 당직자와 카포, 요리사들은 모두 도망갔다. 이날 해질 때까지 수용소를 완전히 비우라는 명령이 내려졌다. 남아 있던 몇 명 사람들(환자와 의사 몇 명 그리고 '간호사'들)까지 모두 떠나야 한다는 거였다. 밤이 되면 수용소에 불을 지르게 되어 있었다.

오후가 됐는데도 환자를 실어 나르기로 한 트럭이 오지 않았다. 그 대신 갑자기 수용소 문이 닫히더니 어느 누구도 도망칠 수 없도록 철조망을 심하게 감시하기 시작했다. 남은 사람들은 수용소 건물과 함께 불태워질 운명에 처한 것처럼 보였다. 내 친구와 나는 두 번째 탈출 계획을 세웠다.

우리는 철조망 담장 밖에 시신 세 구를 묻으라는 명령을 받았다. 수용소에 있는 사람 중에서 우리 둘만 이 일을 할 수 있는 기력이 있었다. 나머지 사람들은 거의 모두가 고열과 정신 착란에 시달리며 막사에 누워 있었다. 우리는 계획을 세웠다. 첫 번째 시신을 운반할 때 관으로 쓸 낡은 세탁통에 친구의 배낭을 숨겨 나오기로 했다. 그리고 두 번째 시신을 옮길 때 내 배낭을 가지고 나오기로 했다. 그리고 세 번째 시신을 옮길 때 탈출하는 것이었다. 처음 두 번은 계획대로 되었다.

막사로 다시 돌아온 나는 친구를 기다렸다. 친구는 숲에서 며칠 지낼 동안 먹을 빵을 구하러 갔다. 몇 분이 지났다. 그가 돌아오지 않자 점점 조바심이 났다. 무려 3년을 갇혀 지내다가 이제야 자유를 머릿속에 즐겁게 그리게 되었는데. 전선을 향해 내달리는 것이 얼마나 멋질까 상상했는데. 우리 계획은 성공하지 못했다.

친구가 돌아온 그 순간 수용소 문도 활짝 열렸다. 적십자 마크가 새겨진 번쩍번쩍하는 알루미늄 차가 천천히 인원 점검장으로 굴러 들어 왔다. 스위스 제네바에 있는 국제적십자사 대표가 도착한 것이다. 수용소와 수감자들은 이제 그의 보호를 받게 됐다. 수용소 가까이에 있는 농가가 숙소로 정해졌다. 언제 일어날지 모르는 비상사태에 대비하기 위해서였다. 이런 상황에 누가 탈출을 고민할까? 차에서 약 상자가 내려왔고, 담배도 나누어 주었다. 우리를 사진 찍었고, 다들 정말로 기뻐했다. 전선을 향해 달려가는 위험한 일은 이제 할 필요가 없었다.

이렇게 좋아하느라 세 번째 시신을 갖다 묻는 것을 깜빡 잊었다. 우리는 시신을 밖으로 가져가 파놓은 좁은 무덤에 밀어 넣었다. 우리와 같이 갔던 감시병 — 그리 고약한 사람은 아니었지만 — 이 갑자기 아주 온순해졌다. 그는 상황이 뒤바뀐 것을 알고 우리에게 잘 보이려고 애를 썼다. 시신 위로 흙을 덮기 전에 기도를 올리자고 우리가 말하자 그도 함께 기도를 올렸다. 오랫동안 긴장하고 흥분했던 시간이 끝나고, 죽은 동료 앞에서 올리는 우리 기도는 그동안 사람의 목소리로 올렸던 그 어떤 기도보다 뜨거웠다.

마지막까지 엇갈린 생사의 운명

수용소에서의 마지막 날은 자유를 기대하며 그렇게 지나갔다. 하지만 우리가 너무 일찍 샴페인을 터트린 것일까. 국제적십자사 대표는

협정이 잘 마무리되었으며, 수용소를 비우지 않아도 된다고 우리에게 확인해 주었다. 그러나 그날 밤 나치 대원들이 트럭을 타고 와서 수용소를 비우라고 명령했다. 마지막 남은 수감자들은 중앙 수용소로 갔다가 그곳에서 48시간 안에 스위스로 다시 가도록 되어 있었다. 다른 전쟁 포로들과 교환하기 위해서였다. 그들이 나치 대원들인지 거의 구분할 수 없었다. 너무나 친절했기 때문이다. 그들은 망설이지 말고 트럭에 타라면서, 이런 행운을 얻게 된 것에 감사해야 한다고 말했다. 건강한 사람들은 트럭 안으로 밀고 들어갔고, 많이 아프거나 약한 사람들은 조심스럽게 들어 올려서 태웠다.

내 친구와 나는 — 더 이상 배낭을 숨길 필요가 없었다 — 마지막 그룹에 있었다. 이 그룹에서 열세 명을 뽑아 끝에서 두 번째로 오는 트럭에 태우기로 되어 있었다. 트럭이 도착하자 주치의가 열세 사람의 이름을 불렀다. 그런데 우리 둘의 이름이 빠져 있는 게 아닌가. 뽑힌 열세 사람이 트럭에 올라타고 우리 둘은 뒤에 남았다. 놀라고 화가 나고 실망해서 주치의에게 따졌다. 그는 너무 피곤하고 정신이 없어서 그랬다고 변명했다. 그리고 우리가 여태 탈출하려고 하는 줄 알았다는 말을 덧붙였다.

할 수 없이 우리는 등 뒤에 배낭을 지고 초조한 마음으로 다른 사람들과 함께 마지막 트럭을 기다렸다. 이번에는 아주 오래 기다려야 했다. 그러다가 조소에 있던 매트리스 위에 누웠다. 우리는 지난 몇 시간, 지난 며칠 동안 흥분해 있었던 탓에 완전히 기진맥진했다. 그

동안 희망과 절망 사이를 끊임없이 오르내렸다. 탈출하려고 입고 있던 옷과 신발 그대로 매트리스 위에서 잠이 들고 말았다.

얼마를 잤을까. 시끄러운 대포와 총소리에 잠이 깼다. 예광탄이 터지고 막사 안으로 총알이 날아들었다. 주치의가 뛰어들어 오더니 바닥에 엎드리라고 했다. 위쪽 침대에 있던 사람이 신발을 신은 채 내 배 위로 뛰어내렸다. 덕분에 나는 잠에서 완전히 깨어났다. 그다음에 무슨 일이 일어났는지 알게 됐다. 전선이 코앞에까지 온 것이다. 드디어 총격이 잦아들고 아침이 밝았다. 수용소 문 깃대에서 하얀 깃발이 바람에 나부끼고 있었다.

그 뒤로 여러 주가 지났을 때, 마지막 순간에도 운명의 신이 우리를 얼마나 우롱했는지 알게 되었다. 그 얘기로 인간의 결정이 얼마나 불확실한 것인가를 깨달았다. 특히 죽고 사는 문제일 때에는 더욱 그렇다는 걸 말이다.

나는 우리 수용소에서 그리 멀지 않은 곳에 있던 작은 수용소에서 찍은 사진들을 보았다. 그날 밤 자유를 향해 간다고 믿었던 친구들은 트럭에 실려 그 수용소에 도착했다. 하지만 그곳 막사 안에 갇힌 채 불에 타 죽었다. 사진으로도 군데군데 불에 탄 동료들의 시신을 알아볼 수 있었다. 나는 또다시 테헤란에서의 죽음이 떠올랐다.

피곤과 초조함, 그리고 무감각

수감자들의 무감각은 방어 기제* 같은 것이었다. 그 밖에도 무감각 상태가 되는 다른 이유로는 굶주림과 수면 부족(이것은 정상 생활을 하는 사람도 마찬가지이다)이 있었다. 수감자들이 느끼는 초조함도 그 원인이었다. 잠이 부족했던 건 밤새 이와 벼룩에 시달리기 때문이었다. 보건 시설과 위생 시설이 대체로 형편없었기 때문에 사람들로 꽉 찬 막사 안에서 이와 벼룩이 무섭게 퍼져 나갔다. 니코틴과 카페인 부족도 무감각과 초조함을 불러왔다.

이런 육체적인 요인 말고도 정신적인 요인도 있었는데, 이것은 좀 복잡한 형태다. 대부분 수감자들은 열등의식에 시달렸다. 우리는 모두 과거에 진짜 '대단한 사람'이었거나 스스로 '대단한 사람'이었다는 환상을 가지고 있었다. 그런데 지금은 하찮은 존재로 취급되고 있다(한 사람의 내적 가치에 대한 의식은 보다 차원이 높고 정신적인 곳에 자리 잡고 있다. 수용소 생활이 이것을 흔들 수는 없다. 하지만 수감자는 차치하고서라도 이런 의식을 가진 사람이 얼마나 될까?). 평범한 수감자들은 무의식적으로 스스로 자기 계층이 낮아졌다고 느꼈다.

수용소라는 사회 구조를 관찰하면 이것을 확실히 알 수 있다. 다른 수감자보다 '우월한' 수감자, 카포, 요리사, 군수 창고 관리인, 보안 대원은 대부분 사람들과 달리 계층이 낮아졌다는 생각은 하지 않

---

* **방어 기제** 두렵고 불쾌한 상황에서 스스로를 방어하려고 자동으로 하는 행동

는다. 반대로 높아졌다고 생각했다! 그 가운데 몇몇은 약간 과대망상 증세까지 보였다. 혜택받는 사람들을 질투하고 불평했던 대다수 사람들은 몇 가지 방식으로 그것을 표현했다. 때로는 농담으로 나오기도 했다. 한번은 누군가 어느 카포에 대해 이렇게 말하는 것을 들은 적이 있다.

"봐 봐! 내가 아는데 저 사람은 전에 큰 은행 총재였거든. 그런데 지금 저렇게 높은 자리에 올라갔으니 세상에 얼마나 출세한 거야!"

계층이 떨어진 대다수 사람들과 계층이 올라간 소수의 사람들이 부딪히면(수용소에서는 음식을 나눠 주는 문제부터 시작해 이런 일이 벌어질 때가 아주 많았다) 그 결과는 정말 폭발적이었다. 평소 갖고 있던 초조함(육체적인 요인을 앞에서 이미 말했다)에 이런 정신적 긴장이 더해지면 걷잡을 수 없는 상태가 된다. 그래서 곧잘 싸움으로 번지는 것은 그다지 놀라운 일이 아니다. 수감자들은 계속해서 맞는 장면을 보기 때문에 마음속에서 폭력을 쓰고 싶은 충동이 커진다. 나만 하더라도 배고프고 피곤할 때 화가 나면 저절로 주먹을 불끈 쥐게 되었다.

나는 언제나 극도로 피곤했다. 밤새도록 화로에 불 — 발진 티푸스 환자를 위해 막사 안에는 불을 피우도록 했다 — 을 지피느라 말이다. 내가 보낸 시간 중에서 가장 평화로웠을 때는 다른 사람들이 모두 헛소리를 하면서 잠자는 한밤중이었다. 나는 난로 앞에 몸을 쭉 뻗고 누워서는 슬쩍해 온 감자 몇 알을 같이 훔쳐 온 숯불에다 구워 먹었다. 그러나 그다음 날에는 더 피곤했고, 감각이 둔해지고 마음까지 초조해졌다.

발진 티푸스 환자 막사에서 의사로 일할 때, 나는 병으로 쓰러진 고참 관리인을 대신해 그가 하던 일을 맡았다. 막사를 항상 청결 — 그런 상황에서도 청결할 수 있다면 — 하게 할 책임자가 된 것이다. 막사 안을 수시로 검열하는 건 위생을 확인하는 것이라기보다는 수감자를 괴롭히는 것이었다. 검열관은 환자에게 음식이나 약을 더 주려는 게 아니라 복도 중간에 지푸라기가 떨어져 있지 않은지, 이가 득실거리는 더러운 낡은 담요가 환자 발밑에 곱게 개어져 있는지에만 관심을 두었다. 수감자들의 운명? 그런 것 따위는 안중에도 없었다.

나는 빡빡 깎은 머리 위에 쓴 모자를 잽싸게 벗으면서 발뒤꿈치로 찰카닥하는 소리를 내며 소리쳤다. "막사 번호 VI/9, 환자 52명, 간호사 2명, 의사 1명, 이상 없음." 그러면 검열관들은 만족스러워하며 막사를 떠났다. 그들이 오기 전까지는 — 온다고 한 시간보다 몇 시간씩 늦게 오거나 아예 안 올 때도 있었다 — 담요를 정리하고, 침상에 떨어진 지푸라기를 줍고, 불쌍한 환자들에게 소리를 질러야만 했다. 환자들이 몸부림을 쳐서 깨끗이 정리해 놓은 침대를 늘 엉망으로 만들었기 때문이다.

고열에 시달리는 환자들은 무감각 증세가 더욱 심했다. 고함을 지르지 않으면 아무것도 하지 않으려고 했다. 고함을 질러도 안 될 때도 있었다. 나는 그들을 때리지는 않으려고 엄청난 자제력을 발휘해

111

야 했다. 무감각한 환자들 때문에 위험한 상황(검열이 곧 시작되는 상황)이 생길 것 같으면 걷잡을 수 없이 화가 치밀어 올랐기 때문이다.

빼앗아 갈 수 없는 정신적 자유

강제 수용소 수감자들의 심리적 특징을 정신 의학적으로, 또 정신 병리학적으로 설명하면 독자들은 결국 인간이 환경의 영향을 크게 받는다고 생각할 것이다(이것으로 보면 수용소 생활이라는 환경에서 수감자들의 일정한 행동 유형이 만들어진다).

그렇다면 인간의 자유는 어떨까? 주어진 환경에 사람들의 행동하고 반응하는데 정신적 자유는 아무런 영향을 주지 않나? 인간은 여러 조건과 환경적인 요인 — 생물적, 심리적, 사회적 성격으로 이루어진 — 이 만드는 하나의 피조물에 지나지 않는다는 이론이 정말 사실일까? 인간은 이런 요소들이 우연히 만든 존재에 지나지 않을까? 무엇보다 중요한 것은 강제 수용소라는 특별한 상황에서 수감자들의 반응이 '인간은 주변 환경의 영향을 피할 수 없다'라는 이론을 입증하냐는 것이다. 그런 환경이라면 인간은 자기 행동을 선택할 자유는 없는 것일까?

이론적으로는 물론이고, 내 체험으로도 이 질문에 해답을 줄 수 있다. 수용소에서도 사람은 자기 행동을 선택하는 자유를 가질 수 있다. 이것을 보여 주는 예(이런 이야기는 영웅적인 성격을 띤다), 그러니까 무감각 증세를 극복하고 불안감을 이긴 경우는 얼마든지 있다. 가혹한 정신적, 육체적 스트레스 속에서도 인간은 정신적인 독립과 영적인 자유를 '간직할 수' 있다는 것이다.

막사를 지나가면서 다른 사람을 위로하고 마지막 남은 빵을 나누어 주었던 사람들이 분명 있었다. 물론 그런 사람이 정말 몇 명 되지 않았을지도 모른다. 하지만 이것만으로도 다음과 같은 진리를 말하기에 충분하다. 그 진리란 인간에게 모든 것을 빼앗아 갈 수 있어도 단 한 가지, 마지막 남은 인간의 자유, 주어진 환경에서 자신의 태도를 결정하고 자기 길을 선택할 수 있는 자유만은 빼앗아 갈 수 없다는 것이다.

수용소에서는 항상 선택해야 했다. 매일같이, 매시간 결정할 순간이 찾아왔다. 자아와 내적인 자유를 빼앗아 가겠다고 위협하는 부당한 권력에 복종할 것인가 말 것인가를 가리는 결정, 자유와 존엄성을 포기하고 환경의 노리개가 될지 아닐지를 선택하는 결정 말이다.

이렇게 볼 때, 강제 수용소 수감자들이 보이는 심리적 반응은 물리적, 사회적 조건에 대한 단순한 표현만은 아니다. 그 이상의 의미가 있다. 수면 부족과 식량 부족, 다양한 정신적 스트레스를 받는 환경은 수감자가 어떤 행동을 하도록 이끌기는 한다. 그럼에도 결국 수감자가 어떤 사람이 되는가 하는 것은 개인의 내적인 선택의 결과이지 수용소라는 환경의 영향은 아니다. 어떤 사람이라도, 아무리 척박한 환경에 있는 사람도 자기 자신이 정신적으로나 영적으로 어떤 사람

이 될 것인가를 선택할 수 있다는 말이다. 강제 수용소에서도 인간
으로서의 존엄성을 지킬 수 있다. 도스토옙스키는 이런 말을 했다.

내가 세상에서 한 가지 두려워하는 것이 있다면
그것은 내 고통이 가치 없는 게 되는 것이다.

남을 위해 희생하는 몇몇 사람들과 친해진 다음, 나는 도스토옙스
키의 이 말을 자주 떠올렸다. 수용소에서 그들의 행동, 그들의 시련
과 죽음은 마지막 남은 내면의 자유를 어느 누구도 빼앗을 수 없다는
걸 보여 주었다. 그들의 시련은 가치 있었다. 고통을 견뎌 낸 것은 순
수한 내적 성취의 결과였다. 삶을 의미 있고 목적 있게 만드는 것. 이
것이 바로 무엇에도 빼앗기지 않는 영혼의 자유이다.

시련을 가치 있는 것으로 만들다

적극적인 삶은 인간이 창조적인 일을 하게 하고, 가치를 실현할 기회
를 준다는 데 그 목적이 있다. 반면 즐거움을 추구하는 소극적인 삶
은 인간이 아름다움과 예술, 자연을 체험하면서 만족할 수 있게 해
준다. 그러나 이런 창조와 즐거움 두 가지가 거의 메말라 있는 삶에
도 목적은 있다. 바깥의 힘에 맞서서 자신의 태도를 선택해야 하는
아주 높은 도덕성이 요구되는 삶에도 목적은 있다. 창조적인 삶과 즐

거움의 삶이 모두 금지되어 있더라도 말이다. 창조와 즐거움만이 의미가 있는 것은 아니다. 만약 그곳에 삶의 의미가 있다면, 시련이 주는 의미일 것이다. 시련은 운명과 죽음처럼 삶에서 빼놓을 수 없는 한 부분이다. 시련과 죽음 없이 인간의 삶은 완성될 수 없다.

사람이 자기 운명과 시련을 받아들이는 과정, 다시 말해서 십자가를 짊어지고 나아가는 과정은 삶에 깊은 의미를 느낄 수 있는 폭넓은 기회 — 가장 어려운 상황에서도 — 를 준다. 그 삶은 용감하고, 품위 있고, 헌신적인 것이 될 수 있다. 아니면 반대로, 자기 보존만을 위해 치열하게 싸우면서 인간으로서의 존엄성을 잃고 동물처럼 될 수도 있다. 힘든 상황이 주는 선물인 도덕적 가치를 받을 것인가 말 것인가를 선택할 수 있는 권리가 인간에게 주어져 있다. 이것은 자기 시련을 가치 있는 것으로 만드느냐 아니냐를 판가름하는 결정이기도 하다.

이것이 아주 비현실적이고 실제와 동떨어져 있다고 생각하지 않기 바란다. 물론 몇 안 되는 사람만이 그처럼 높은 도덕적 수준에 오를 수 있다. 수감자 중에서도 아주 적은 수만이 내면의 충만한 자유를 지키고 시련을 견뎌내 이러한 가치를 얻었다. 하지만 이 예는 인간 내면의 힘이 주어진 운명을 초월해 자기 존재를 높인다는 사실을 보여 주기에 충분하다. 그런 사람들이 강제 수용소에만 있는 것은 아니다. 어디서나 인간은 운명과 시련을 맞닥뜨려 무엇인가를 성취할 수 있다.

병든 사람, 특히 치료가 불가능한 환자를 생각해 보자. 언젠가 병에 걸린 한 젊은이에게 편지를 받은 적이 있다. 편지에서 젊은이는 자기가 오래 못 산다는 걸 친구가 방금 말해 주었다고 했다. 수술도 별 도움이 되지 않는 상황이었다. 그러면서 언젠가 본 영화 이야기를 했다. 죽음을 눈앞에 둔 사람이 아주 용감하고 품위 있게 자신의 마지막을 기다리는 모습을 그린 영화였는데, 그렇게 의연하게 죽음을 맞는 것이 인간으로서 참 위대한 성취라고 생각했다는 것이다. 그는 또 이렇게 썼다. 이제 운명이 자기에게 그와 똑같은 기회를 주었다고.

러시아의 작가 톨스토이의 소설을 각색한 영화 〈부활〉을 본 사람들이라면 같은 생각을 할 것이다. 거기에는 위대한 운명과 위대한 사람이 나왔다. 하지만 당시 그 영화를 본 우리에게는 그런 위대한 운명이란 건 없었다. 위대함을 이룰 만한 기회도 없었다.

영화가 끝나고 우리는 아마도 가까운 카페로 갔을 것이다. 그리고 커피 한 잔에 샌드위치를 먹느라 머리를 잠깐 스치고 지나갔던 그 기이한 형이상학적인 생각은 잊었다. 나중에 우리가 그런 위대한 운명을 직접 맞닥뜨리게 됐을 때, 영적인 위대함을 지니고 그것을 맞아들일지 결정해야 했을 때, 우리는 젊은 시절의 결의를 잊고 있었고, 그래서 실패했다.

아마 우리 중 몇몇은 그 뒤로 우리기 본 똑같은 영화를 다시 보았거나 아니면 그와 비슷한 영화를 보았을지도 모른다. 이번에는 영화를 보고 있는 내면의 눈에 또 다른 영상이 동시에 펼쳐졌을 것이다. 감상적인 영화가 보여 줄 수 있는 것보다 훨씬 많은 것을 보여 주는 진짜 사람들의 이야기 말이다.

그런 영화를 보면서 나는 영혼의 위대함을 보여 준 어떤 사람을 떠올렸다. 강제 수용소에 있을 때, 내가 옆에서 죽음을 지켜봤던 젊은 여자가 있다. 그녀의 이야기는 간단하다. 너무 간단해서 마치 내가 지어낸 것같이 들릴 수도 있다. 나는 이 이야기가 한 편의 시처럼 느껴진다.

젊은 여자는 자기가 며칠 안에 죽을 것을 알고 있었다. 그럼에도 내가 말을 걸었을 때 그녀는 아주 명랑했다.

"운명이 저를 이처럼 세차게 때리는 걸 감사하고 있어요."

그녀가 말했다.

"예전에 저는 제멋대로였어요. 정신적인 성취 같은 건 진지하게 생각해 본 적이 없어요."

그녀는 창밖을 가리켰다.

"여기 나무가 내 외로움을 달래 주는 유일한 친구랍니다."

창 밖에는 밤나무 가지 한 개와 그 위에 핀 꽃 두 송이뿐이었다.

"저 나무와 자주 이야기를 나누죠."

그녀의 말에 나는 순간 어리둥절했다. 어떻게 받아들여야 할지 몰랐기 때문이다. 헛소리하는 것일까? 환각에 빠졌나? 나는 걱정스러워하면서 나무가 대답을 하냐고 물었다.

"물론이지요."

나무가 그녀에게 뭐라고 대답했을까? 그녀가 말했다.

"나무가 대답해요. 내가 여기 있단다. 내가 여기 있단다. 나는 생명이야. 영원한 생명이야."

수감자의 내적 자아를 결국 결정하는 것은 심리적, 육체적인 요인이 아니라 자신의 자유의사라고 앞에서 이미 말했다. 수감자들을 심리학적으로 관찰하면 내면세계의 도덕적, 정신적 자아가 무너지도록 내버려 둔 사람이 결국 수용소 안 타락한 권력의 희생자가 됨을 알 수 있다. 그렇다면 이제 이런 질문을 할 수 있다. 무엇으로 이러한 '내적 소유'를 이룰 수 있으며 또 이루어야만 하는 것일까?

자신의 위대함을 이루는 기회

수감자들이 자기 경험을 밝힌 글이나 이야기를 보면 당시 가장 절망적이었던 것을 거의 똑같이 말한다. 그것은 얼마나 오랫동안 수용소 생활을 해야 하는지 모른다는 것이었다. 언제 석방되는지 아무도 몰랐다. 내가 있던 수용소에서는 사실 그런 얘기조차 무의미하다고 여겼다. 갇혀 있는 기간은 불확실했고, 그 끝이 꼭 있는 것도 아니었다. 한 연구 전문 심리학자는 강제 수용소에서의 삶을 '일시적인 삶'이라고 불렀다. 여기에 한마디 덧붙이시면 '끝을 알 수 없는 일시적인 삶'이라고 할 수 있다.

수용소에 새로 도착하면 그 수용소 환경이 어떤지 몰랐다. 다른 수용소에 갔다가 돌아온 사람들은 입을 다물고 있어야 했다. 어느 수용소에서는 돌아온 사람이 한 명도 없었다. 수용소에 들어가게 되면 마음에 변화가 일어난다. 어떤 수용소일지 확실하지 않던 건 이제 알게 되지만, 다음에는 이곳에서의 상황이 어떻게 끝날지가 확실하지 않다. 여기서의 삶은 끝날까 아닐까, 만일 끝난다면 과연 언제일까, 아무 짐작도 할 수 없었다.

'finis'라는 라틴어에는 두 가지 의미가 있다. 하나는 끝 혹은 완성을 의미한다. 다른 하나는 이루어야 할 목표를 뜻한다. 그러나 '일시적인 삶'이 언제 끝날지 알 수 없는 사람은 인생의 목표를 세울 수 없다. 정상적인 삶을 사는 사람과 정반대로 삶에서 미래를 준비하는 것은 포기한다. 그렇기 때문에 내적인 삶의 구조 전체가 변한다. 물론 정상적인 삶에서도 이것과 비슷한 퇴행 현상을 볼 수 있다.

예를 들면 실직자 같은 경우이다. 실직자의 삶은 '일시적인 것'이기 때문에 어떤 의미에서는 미래를 준비할 수 없고, 목표를 세울 수도 없다. 실직한 광부를 연구한 보고서를 보면 그들의 시간 감각이 이상하게 변해서 — 내면의 시간 — 고통받는 것으로 나온다. 실직이라는 특별한 상황 때문이다.

수감자 역시 이상한 '시간 감각'을 경험했다. 얻어맞는 일과 배고픔이 하루를 꽉 채우는 수용소에서는 하루라는 시간이 영원한 것처럼 느껴졌다. 하지만 그보다 긴 시간, 예를 들자면 일주일은 아주 빠르게 지나갔다. 한번은 내가 동료에게 하루가 일주일보다 더 길게 느껴진다고 얘기하자 그 친구도 그렇다고 했다. 우리의 시간 감각이 얼마나 역설적이었던지!

여기서 독일의 작가 토마스 만의 소설 《마의 산》이 떠올랐다. 예리한 심리학적 관찰이 돋보이는 작품이다. 토마스 만은 서로 비슷한 심리 상태에 있는 사람들, 그러니까 폐결핵에 걸려서 요양소에서 언제 나가게 될지 모르는 환자들을 보여 주면서 인간의 영적인 발달 단계를 말한다. 그들도 똑같은 상태다. 미래도 없고 삶의 목표도 없이 생존하는 상태 말이다.

수용소에서 내게 이런 말을 한 동료가 있었다. 수용소에 처음 도착했을 때, 역부터 수용소까지 길게 줄을 서서 들어오는 그 행진이 마치 자기 장례식 행렬처럼 느껴졌다는 것이다. 그에게 삶은 미래가 없었다. 이미 죽기라도 한 것처럼 모든 것이 끝났다고 여긴 것이다.

삶이 날아간 것 같은 느낌은 다음과 같은 이유로 더 커진다. 갇혀 있는 기간이 정해져 있지 않고(수감자들이 가장 뼈저리게 느끼는 부분이었다), 갇힌 공간이 너무 좁다는 점이다. 철조망 밖에 무엇이 있든 그것은 아주 멀리 떨어져 있고, 손이 닿을 수도 없다. 그래서 비현실적인 것처럼 보였다. 밖에서 일어나는 일, 밖에 사는 사람들, 밖에서 이루어지는 정상적인 삶은 우리 수감자에게는 유령 같았다. 만일 바깥 세계를 볼 수 있었냐면, 마치 저세상에서 온 사람이 바라보는 이승처럼 보였을 것이다.

사람들이 미래의 목표를 찾을 수 없으면 스스로 퇴행하며 과거를 쫓게 된다. 수감자들이 공포로 가득 찬 현재를 사실처럼 보지 않으려고 과거를 떠올린다는 것을 앞에서 이미 얘기했다. 그러나 지금 있는 현실을 보지 않고 피하려는 것은 위험한 일이다. 사실 수용소에서도 긍정적인 것을 얻을 기회가 분명히 있다. 하지만 대부분 사람들은 기회인 줄 모르고 그냥 지나쳐 버린다. 이런 '일시적인 삶'을 현실로 받아들이지 않으면 삶의 의지를 잃게 된다. 자신 앞에 닥치는 모든 일을 무의미한 것으로 만들기 때문이다.

이런 사람들은 단지 평소와 다르게 어려운 상황이 생겼을 뿐이며, 이런 어려움이 정신적으로 자기 자신을 초월하는 기회가 된다는 사실을 잊는다. 수용소를 자기 정신력을 훈련하는 도구로 이용하지 못한다. 자기 삶을 진지하게 생각하지도 않고, 오히려 아무런 성과가 없다며 삶을 경멸한다. 그저 눈을 감고 과거 속에 살기를 좋아한다. 그런 사람에게 인생은 의미 없는 것이 된다.

물론 몇 안 되는 사람만이 위대하고 영적인 고지에 오를 수 있다. 하지만 어떤 사람들은 평범한 세상일 속의 실패와 죽음을 통해서도 위대함을 이루는 기회를 갖는다. 평범한 환경에서는 정말 도달하기 어려운 위대한 성취를 이루는 것이다.

의욕 없는 사람들에게 독일의 정치가 비스마르크의 이 말을 들려주고 싶다.

인생이란 치과 의사 앞에 있는 것과 같다.
그 앞에 앉을 때마다 가장 심한 통증이 찾아올 거라고 생각하지만,
그러다 보면 어느새 통증이 끝나 있는 것이다.

강제 수용소에 있던 사람들 대부분은 무언가를 이루는 인생의 진 정한 기회가 자신들에게 다시 오지 않을 것이라고 믿었다. 사실 그렇 지 않았다. 그곳에도 기회와 도전이 있었다. 삶의 지침을 돌려놓았던 경험에서 승리해 정신적인 승리를 이룰 수 있었다. 반대로 도전하지 않고, 다른 여러 수감자처럼 매일을 무의미하게 보낼 수도 있었다.

미래를 기대하는 것과 미래가 없다고 여기는 것

수감자가 수용소에서 입은 정신적 상처를 정신 요법이나 정신 위생 학적 방법으로 치료하려면 미래의 목표를 정해서 내면의 힘을 길러 야 한다. 어떤 수감자들은 자기 스스로 그런 목표를 찾아내기도 한 다. 이게 바로 인간의 특성이다. 사람은 미래에 기대가 있어야만 세 상을 살 수 있다. 기대를 갖기 위해 자기 마음을 밀어붙여야 할 때도 있지만, 인간이 가장 어려운 순간에 처했을 때 결국 그를 구하는 건 미래에 대한 기대이다.

내가 경험했던 일이다. 그닐 눈물이 날 정도로 통증(신발이 찢어져 서 심한 종기가 생겼다)이 심해서 수용소에서 작업장까지 몇 킬로미터

나 되는 긴 행진을 절뚝거리며 따라가고 있었다. 날은 추웠고, 살을 에는 듯한 바람이 사정없이 내리쳤다. 누추한 생활과 자질구레한 문제들이 끊임없이 생각났다. 오늘 저녁에는 무엇을 먹게 될까? 특별 배급이 소시지로 나오면 빵과 바꾸어 먹을까? 2주 전에 받은 담배 한 개비를 수프 한 그릇이랑 바꿀까? 한쪽 신발 끈이 떨어졌는데 대신 쓸 철사를 어디서 구하지? 시간에 맞춰 작업장에 가서 원래 일하던 작업반에 낄 수 있을까? 혹시 다른 작업반에 들어가서 고약한 감독을 만나면 어떻게 하지? 매일 긴 행렬에 끼어서 작업장에 가지 않을 방법이 있을까? 수용소 안에서 일할 수 있게 도와주는 카포는 없을까? 그런 카포를 사귀려면 어떻게 해야 하지?

매일같이 하루 종일 그런 하찮은 생각만 하는 상황이 너무 역겨웠다. 다른 생각을 하기로 했다. 나는 불이 환히 켜진 따뜻하고 쾌적한 강의실의 강단에 서 있었다. 앞에는 청중들이 푹신한 의자에 앉아 내 강의를 듣고 있었다. 그 강의는 강제 수용소에서의 심리 상태에 대한 것이었다! 그 순간 나를 짓누르던 모든 것들이 객관적으로 변하고, 일정한 거리를 두고 과학적인 관점에서 설명할 수 있게 됐다. 이런 방법으로 내가 처한 상황과 고통을 이겨 낼 수 있었다. 그것을 마치 과거에 이미 일어난 일처럼 관찰한 것이다. 나 자신과 내 문제가 내가 연구하는 흥미진진한 정신과학의 대상이 됐다. 네덜란드의 철학자 스피노자가 그의 책 《윤리학》에서 뭐라고 했던가?

감정, 고통스러운 감정은 우리가 그것을 명확하고 확실하게
표현하는 바로 그 순간 더는 고통스럽지 않다.

미래 ─ 그 자신의 미래 ─ 를 믿지 않는 수감자는 불행하다. 미래에 대한 믿음을 잃어버리면 정신력도 함께 잃는다. 자신을 퇴행시키고, 정신적으로나 육체적으로 무너지는 길을 가게 된다. 이런 일은 보통 갑작스럽게 나타난다.

수용소 생활을 해 본 사람들은 아주 익숙할 것이다. 자신이 그렇게 되어서 익숙한 게 아니라(별 의미가 없기는 하지만) 친구들이 그렇게 변하는 걸 보면 두려워졌다.

수감자가 정신력을 잃으면 아침에 옷 입고 세수하는 일을 하지 않거나 운동장으로 나가려 하지 않는다. 부탁하고, 때리고, 위협해도 효과가 없다. 그냥 누워서 안 움직인다. 이렇게 되는 게 병 때문일 경우에도 병실로 가지 않으려 한다. 도움에 되는 일을 다 피한다. 포기한 것이다. 자기가 싼 배설물 위에 누워 있으려고만 한다. 세상 어떤 것에도 더는 간섭받고 싶어 하지 않는다.

용기와 희망을 결국 잃어버리면

미래에 믿음이 없는 것과 지포자기하는 것이 서로 어떤 관계가 있는지 알아볼 수 있는 예가 있다.

우리 구역의 고참 관리인 F는 꽤 유명한 작곡가이자 작사가였다. 그가 어느 날 내게 고백했다.

"의사 선생님, 드릴 말씀이 있습니다. 이상한 꿈을 꾸었어요. 꿈에서 어떤 목소리가 소원을 말하라고 하더군요. 알고 싶은 것을 말하래요. 질문에 모두 대답을 해 준다고요. 그래서 제가 무얼 물어보았는지 아십니까? 이 전쟁이 언제 끝나냐고 물어봤지요. 무슨 말인지 아시겠소, 의사 양반? 나를 위해서 말이요. 언제 수용소에서 나갈지, 고통이 언제 끝날지 알고 싶었어요."

"언제 그런 꿈을 꾸었습니까?"

내가 물었다.

"1945년 2월에요."

그가 대답했다. 3월이 막 시작됐을 때였다.

"그래, 꿈속의 목소리가 뭐라고 하던가요?"

그가 내 귀에 나직하게 속삭였다.

"3월 30일이래요."

F는 희망에 차 있었다. 꿈속 목소리가 맞을 거라고 확신했다.

하지만 약속의 날이 다가왔을 때, 수용소에 전해진 전쟁 소식으로는 그날 자유의 몸이 될 가능성은 거의 없어 보였다. 3월 29일, F는 갑자기 아프기 시작했고, 열이 아주 높게 올랐다. 3월 30일, 꿈이 말한 것처럼 그에게서 전쟁과 고통이 떠나갔다. 헛소리하다가 그만 의식을 잃은 것이다. 3월 31일 결국 그는 죽었다. 사망의 이유는 발진 티푸스였다.

인간의 정신 상태 — 용기와 희망을 가지는 것과 그것을 잃는 것 — 와 몸의 면역력이 얼마나 크게 관련되는지 안다면 용기와 희망을 잃는 것이 왜 치명적인 결과를 가져오는지 이해할 것이다. 그가 죽은 진짜 이유는 기대하던 그날이 오지 않은 거였다. 그는 몹시 절망했고, 숨어 있던 발진 티푸스균에 맞서던 저항력이 갑자기 떨어졌다. 미래에 대한 믿음과 살고자 하는 의지가 힘을 쓰지 못하고, 몸은 병에 지고 말았다. 결국 꿈속 목소리가 맞기는 한 것이다.

이 일을 관찰하고 얻는 결론은 나중에 수용소 주치의에게 들었던 말과도 같았다. 그가 말하길 1944년 크리스마스부터 1945년 새해까지 일주일 동안 죽는 사람들이 갑자기 늘어났다는 것이다. 주치의는 그 이유가 일이 더 가혹해졌거나, 식량이 없거나, 날씨가 변해서, 또는 전염병이 돌아서는 아니라고 했다. 많은 수감자들이 크리스마스에는 집에 갈 수 있을 것이라는 막연한 희망을 품기 때문이었다. 그 시간이 다가와도 희망적인 소식이 들리지 않자 그만 용기를 잃었다. 절망감이 그들을 덮치고, 저항력을 떨어뜨렸다. 그래서 많은 사람들이 죽게 되었다.

삶이 우리에게 기대하는 것

앞에서도 얘기했지만 수용소에서 사람의 정신력을 되살리려면 미래에 대한 희망을 볼 수 있게 해 주어야 한다. 니체가 말했다.

'왜' 살아야 하는지 아는 사람은 그 '어떤' 상황도 견딜 수 있다.

　수감자들에게 심리 치료나 정신 위생학적 치료를 할 때 꼭 새겨야 할 말이다. 수감자를 치료하려면, 끔찍한 현실에 어떻게든 견딜 힘을 주려면, 살아야 할 이유, 그러니까 목표를 알려 주어야 한다. 슬펐다! 삶에 더 이상의 느낌이 없는 사람, 이루어야 할 아무런 목적이나 목표, 의미도 없는 사람! 그런 사람은 곧 파괴되고 사라졌다. 충고와 격려를 들으려 하지 않는 사람들은 이렇게 말한다.

　"나는 인생에서 더 이상 기대할 것이 없어요."

　우리는 어떤 대답을 해 주어야 할까? 삶에 대한 태도를 완전히 변화시킬 수 있게 해 주어야 한다. 그러려면 먼저 우리 자신을 공부하고, 나아가 좌절에 빠진 사람에게 이런 이야기를 들려줄 수 있어야 했다.

　정말 중요한 건 우리가 삶에 무엇을 기대하는가가 아니라 삶이 우리에게 무엇을 기대하는가 하는 것이다. 삶의 의미가 뭐냐고 묻는 대신 삶이 우리에게 질문하는 것에 대해 매일 생각해야 한다. 그 대답은 말이나 고요한 생각이 아니라 올바른 행동과 올바른 태도에서 찾는 것이다. 인생이란 결국 삶의 질문에 올바른 해답을 찾고, 각자에게 주어진 과제를 책임지고 해 내가는 것을 뜻한다.

이 과제들, 다시 말해 삶의 의미는 사람마다 다르고, 때에 따라서도 다르다. 누구에게나 삶이 다 이런 거라고 그 의미를 정의할 수 없다. 삶의 의미가 무엇인지는 한 가지로 말할 수 있는 게 아니다. '삶'은 막연한 것이 아니라 현실적이고 구체적이다. 삶이 주는 과제가 현실적이고 구체적이어서 사람마다 각각 다르게 풀어 가며 운명을 결정한다. 어떤 사람도, 어떤 운명도, 그와는 다른 사람, 그와는 다른 운명과 비교할 수가 없다. 똑같은 게 되풀이되는 경우는 하나도 없으며, 상황마다 사람은 서로 다르게 행동한다.

어떤 사람이 처한 상황에서는 당장 스스로 운명을 개척해야 할 때도 있고, 더 생각할 시간을 갖는 게 나을 때도 있다. 주어진 운명을 그대로 받아들이고, 십자가를 진 듯 지내야 할 때도 있다. 여러 상황들이 나름대로 다 특별하다. 어떤 상황을 해결하는 방법은 언제나 가까운 곳에 단 하나만 있다.

만약 어떤 사람에게 시련이 닥쳐와서 그것이 자기 운명임을 알았다면, 시련이 자기 과제, 그러니까 다른 것과 구별되는 오직 자신만의 과제라는 걸 받아들여야 한다. 시련 속에서도 자신이 이 세상에서 유일한 단 한 사람이라는 데 감사해야 한다. 어느 누구도 시련에서 그를 구해 줄 수 없고, 대신 고통을 짊어져 줄 수도 없다. 짐을 어떻게 짊어질지 결정하는 건 그 사람에게만 주어진 기회이다.

시련은 무엇을 의미할까

수감자에게 이런 생각들은 현실성 없이 사색적이기만 한 이론이 아니었다. 우리가 실제 자신을 도울 수 있는 유일한 방법이었다. 살아서 그곳을 나올 수 없을 것 같을 때에도 절망에서 우리를 지켜 주었다. 이미 오래전 우리는 삶의 의미가 무엇이냐고 묻는 단계를 지났다. 그 순수한 물음은 가치 있는 것을 창조하기 위해 적극적으로 행동하고, 어떤 목표를 이루는 것으로 삶을 받아들이게 해 주었다. 우리에게 삶이란 살아 있음과 죽음, 고통받는 것과 죽어 가는 것까지 모두 감싸 안는 의미였다.

시련이 무엇을 의미하는지 분명하게 알게 되면 수용소 안에서 일어나는 폭력을 무시하지 않게 된다. 거짓 상상을 떠올리고 억지로 만든 좋은 생각을 즐기며 고통을 피하려고도 하지 않는다. 시련에서 등을 돌리려 하지도 않는다. 시련 속에 무언가 성취할 수 있는 기회가 숨어 있다는 것을 깨달았으니 말이다.

독일의 시인 릴케가 〈우리가 완수해야 할 시련이 그 얼마인고!〉라는 시를 쓴 것도 아마 시련 속에 기회가 숨어 있다는 것을 말하기 위해서일 것이다. 릴케는 마치 '작업을 완수한다'라고 말하는 것과 똑같이 '시련을 완수한다'라고 했다. 우리에게는 완수해야 할 시련이 너무나 많았다. 될 수 있는 대로 나약해지지 않고, 남몰래 눈물 흘리는 일을 줄이면서 고통 그대로를 마주해야 할 필요가 있었다.

그렇다고 눈물 흘리는 것을 부끄러워하지는 않아도 된다. 왜냐하면 눈물은 그 사람이 엄청난 용기, 다시 말해 시련을 받아들일 용기를 가지고 있다는 걸 의미하니까. 몇 안 되는 사람만이 그것을 깨달았다. 어떤 사람들은 자기가 운 적이 있다고 부끄러워하면서 고백했다. 부종 때문에 고생하던 동료에게 어떻게 나았냐고 물어본 적이 있었다. 그가 이렇게 대답했다.

"실컷 울어서 내 조직 밖으로 몰아냈지."

자살하려는 사람들에게

강제 수용소에서 조금 여유가 생겼을 때, 나는 정신 요법과 정신 건강법을 써서 개인과 집단을 치료해 보았다. 개인에게 쓰는 정신 요법은 '인명 구조'랑 비슷했다. 왜냐하면 자살을 막는 것이었으니까. 수용소에서는 자살하는 사람을 구하지 못하게 하는 엄한 규칙이 있었다. 목을 매어 자살하려는 사람이 목에 맨 줄을 끊지도 못하게 했다. 그래서 이런 일이 일어나기 전에 막는 것이 중요했다.

아직도 두 가지 자살 시도를 기억하고 있다. 두 사건은 놀라울 정도로 서로 비슷했다. 두 사람 모두 왜 자살하려고 했는지 말해 주었는데, 자살하는 사람들이 늘 그렇듯 삶에서 아무것도 기대할 게 없다는 것이었다. 이런 경우 인생이 그들에게 여전히 무언가를 기대하고 있고, 미래에는 인생의 무언가를 기대할 수 있다는 사실을 일깨워 주어야 한다.

한 사람은 그 기대가 자신의 아이였다. 그가 사랑하는 아이는 지금 다른 나라에서 그를 기다리고 있다. 다른 사람은 그 기대라는 게 사람이 아닌 일이었다. 과학자였던 그 사람은 책을 써 왔는데, 아직 완성하지 못했다. 그 일은 누가 대신해 줄 수 없었다. 아까 아이를 가진 사람도 아이를 사랑하는 아버지 자리를 대신해 줄 수 있는 사람은 아무도 없었다.

사람 각자를 구별하고, 존재에 의미를 주는 이런 독자성과 유일성은 인간을 사랑하는 것처럼 창조적인 의미를 지닌다. 이 세상에 자신의 존재를 대신할 수 있는 것이 아무것도 없다는 사실을 깨달으면, 살아 있음과 계속 살아가야 한다는 책임이 아주 중요한 의미가 된다. 자기와 그 사랑을 기다리고 있을 아이나, 아직 완성하지 못한 일에 대해 책임감을 느끼는 사람은 자기 삶을 던져 버리지 못한다. '왜' 살아야 하는지를 알고 있기 때문이다. 그래서 그 '어떤' 어려움도 견딜 수 있다.

우리의 희생에도 의미가 있다

당연한 일이지만 수용소 안에서 집단에게 정신 치료를 할 기회는 막혀 있었다. 말로 치료하기보다는 모범을 보여 주는 게 효과적이었다. 공정하고 용기 있는 행동을 보인 고참 관리인은 자기 담당 구역 사람들에게 도덕적 영향을 크게 줄 수 있었다.

행동으로 보여 주는 것이 대개는 말보다 훨씬 효과적이다. 물론 어떤 때는 말이 더 효과적이기도 하다. 어떤 일 때문에 사람들이 무언가를 받아들일 수 있는 마음의 크기가 넓어졌을 때이다. 나는 이처럼 수감자들이 정신적으로 받아들이는 정도가 넓어졌을 때, 막사의 수감자 모두에게 정신 요법을 쓴 적이 있었다.

그날은 재수가 없었다. 아침 인원 점검 시간에 반란 행위가 될 수 있는 행동들을 수없이 들었다. 지금부터 그런 행동을 하면 그 자리에서 교수형에 처하겠다면서 말이다. 낡은 담요에서 조각(무릎을 보호하려고)을 잘라내거나 '좀도둑질'을 해도 교수형이었다.

며칠 전에 반쯤 굶어 죽게 된 한 수감자가 감자 창고를 부수고 들어가 감자 몇 알을 훔친 일이 있었다. 누군가 훔쳐 갔다는 게 곧 밝혀졌고, 수감자 몇 명은 '도둑'이 누구인지도 알고 있었다. 수용소 당국자들은 도둑이 누군지 말하지 않으면 수용소의 모든 사람들을 하루 동안 굶기겠다고 했다. 2,500명 사람들은 물론 굶는 쪽을 선택했다.

온종일 꼬박 굶은 그날 저녁, 우리는 막사에 누워 있었다. 분위기가 착 가라앉아 있었다. 몇 마디 말이 오갔지만, 그 말조차도 신경에 거슬렸다. 설상가상 불이 나가 버렸다. 기분이 완전히 바닥까지 떨어졌다. 하지만 고참 관리인은 현명한 사람이었다. 그 자리에서 모든 사람들이 머릿속으로 생각하던 이야기를 입 밖으로 꺼냈다. 지난 며칠 동안 병이나 자살로 죽은 수많은 동료들 이야기였다. 그는 죽음의 진짜 이유가 무엇인지도 말했다. 바로 희망을 버렸기 때문이라는 것이었다. 앞으로 더 생길 수 있는 희생자들을 위해서 방법을 써야 한다고 말했다. 그러면서 이런 조언을 해 줄 수 있는 사람이 바로 나라고 했다.

신은 알고 있을 것이다. 그때 나는 정신 의학을 설명하고 싶은 기분이 전혀 아니었다는 것을. 동료들에게 정신과적 치료를 하고 싶지 않았다. 나는 춥고, 배고프고, 짜증 나고, 피곤했다. 하지만 노력해야 했다. 좀처럼 생기지 않는 이런 기회를 활용해야 했다. 그 어느 때보다 용기를 북돋아 주는 것이 절실했으니까.

단순하게 위로의 말부터 시작했다. 제2차 세계 대전이 시작되고 여섯 번째 겨울을 맞았지만, 지금 유럽 정세를 살펴보면 우리 처지는 그리 최악은 아니라고 말했다. 지금까지 시련을 겪으면서 다른 무엇으로도 대신할 수 없는 것을 잃은 적이 있다면 그것이 무엇인지 스스로 물어보라고 했다. 의외로 대체할 수 없는 중요한 것을 잃어버린 경우는 거의 없었다. 아직 살아 있는 사람들은 희망의 이유가 있었다. 건강, 가족, 행복, 전문적인 능력, 재산, 사회적 지위 등 모두 나중에 다시 가질 수 있는 것들이었다. 나는 니체의 말을 가져왔다. "나를 죽이지 못한 것은 나를 더욱 강하게 만들 것입니다."

그리고 미래를 얘기했다. 솔직히 말해 미래가 가망 없어 보일 것이라고 했다. 우리가 앞으로 살아남을 가능성이 얼마나 적은지에 대해 모두 같은 생각이었다. 하지만 우리 수용소에는 아직 발진 티푸스가 발생하지는 않았다. 내가 살아남을 확률을 스무 명 중 한 명 정도일 뿐이겠지만 희망을 잃거나 포기하지는 않겠다는 얘기를 들려주었다. 누구도 미래를 예측할 수 없으니까. 바로 한 시간 뒤도 내다볼 수 없으니까. 물론 며칠 안에 전쟁에 엄청난 반전이 일어나지는 않을 것이다. 하지만 수용소 안에서의 경험으로 우리는 적어도 각자에게 얼마나 엄청난 기회가, 그것도 생각지 못하게 갑자기 찾아온다는 걸 잘 알았다. 기대도 하지 않았는데 작업 환경이 좋은 특별 작업반에 들어간다거나 하는 것처럼 말이다. 이런 게 수감자들에게 바로 '행운'이라고 불릴 수 있는 일이었다.

미래에 대해서만 말한 건 아니었다. 미래에 드리워진 장막도 얘기했다. 또 과거에 대해서도 얘기했다. 과거의 모든 즐거운 일들과 그 빛이 지금 어둠 속에서도 얼마나 밝게 빛나고 있는지. 이때 나는 또 시를 가져왔다. 설교같이 들리지 않게 하기 위해서였다.

"그대의 경험, 이 세상 어떤 권력자도 빼앗지 못하리!"

경험뿐만이 아니다. 우리가 그동안 했던 모든 일, 우리가 했을지도 모르는 훌륭한 생각, 우리가 겪었던 고통, 이 모두가 비록 과거로 흘러갔지만 결코 잃어버린 건 아니다. 우리는 그것을 우리 존재 안으로 가져왔다. 간직한다는 것도 존재하는 방식일 수 있다. 어쩌면 가장 확실한 존재 방식인지도 모른다. 그런 다음, 삶에 의미를 주는 다양한 기회에 대해 말했다. 나는 내 동료(꼼짝도 않고 누워 있다가 가끔씩 한숨을 쉬던)에게 어떤 상황에서도 인간의 삶은 의미가 있다는 것, 삶의 넓고 넓은 의미 속에는 고통과 죽어 가는 것, 가난과 죽음이 모두 들어 있다고 했다. 어둠 속에서 내 말에 열심히 귀를 기울이는 불쌍한 신의 피조물들에게 우리가 처한 가혹한 현실을 용감히 마주하자고 했다. 희망을 잃지 않고, 가망 없는 싸움 속에서도 삶의 존엄성과 의미를 지킬 용기를 가져야 한다고 말했다. 나는 누군가가 — 친구나 아내, 산 사람, 죽은 사람, 하느님 — 각각 다른 시간에 우리 한 사람 한 사람을 내려다보고 있다고 했다. 우리를 지켜보는 그 사람은 우리가 자기를 실망시키지 않기를 바라고 있다고 했다. 우리가 비굴하지 않고 의연하게 시련을 이겨 내고, 어떤 태도로 죽어야 하는지 알기를 바란다고.

마지막으로는 우리의 희생을 얘기했다. 희생은 어떤 경우에나 다 의미가 있다. 우리의 희생은 정상적인 생활에서는, 물질적인 성공이 중요한 세상에서는 별 의미가 없게 여겨지기도 한다. 그러나 실제로 우리 희생에는 의미가 있다. 나는 솔직하게 말했다. 종교가 있는 사람들은 이 말을 쉽게 이해할 것이다. 수용소에 처음 들어온 동료가 하늘에 이런 기도를 하는 것을 들었다. 자신의 고난과 죽음으로 자기가 사랑하는 사람이 고통스러운 종말로부터 구원받게 해 달라는 기도였다. 이런 사람에게 고난과 죽음은 의미 있는 것이다. 아주 깊은 의미를 지닌 희생이다. 그는 헛되게 죽고 싶지 않았던 것이다. 어느 누구도 그렇게 되기를 원하지 않는다.

나는 그때 그 막사에서, 실제로 가망이 없는 상황에 놓인 삶이 가지고 있는 의미를 찾아보려고 이 말을 했다. 효과가 있었다. 불이 다시 들어와 주위가 밝아지자 지저분한 몰골을 한 동료들이 두 눈에 눈물을 가득 머금고 나에게 다가와 감사하다고 했다.

이제 와서 고백하지만 나는 그때 고통받는 동료들 마음속에 그렇게 대단한 정신력을 심어 주지는 못한 것 같다. 분명 그런 일을 할 수 있는 기회가 많았을 텐데, 내가 그것을 놓치고 만 것이 틀림없다.

감시병들은 사람으로 어떻게 그럴 수 있었을까

이제 수감자들의 심리적 반응 세 번째 단계, 그러니까 수용소에서 풀려난 다음을 설명할 차례가 됐다. 하지만 그 전에 정신 의학자들에게 자주 하는 질문, 특히 수용소 안의 일을 잘 알고 있는 나같은 정신 의학자들이 자주 받는 질문을 소개해 보겠다. 바로 수용소 감시병들의 정신 상태를 어떻게 생각하느냐는 것이다.

살과 피를 가진 인간으로 어떻게 다른 사람들에게 그런 일을 할 수 있을까? 수용소에 있던 수많은 사람들이 당한 그런 일들 말이다. 수용소에서 벌어진 일을 듣고, 그것을 믿는 사람들은 모두 정신 의학적으로 어떻게 그런 일을 할 수 있는지 궁금해한다. 자세하게 대답하기 전 몇 가지를 말하고 싶다.

첫째, 감시병 가운데는 사디스트˚, 정신 의학적인 의미에서 정말로 순수한 사니스트가 있었다.

둘째, 이 사디스트들은 아주 잔인한 감시병이 필요할 때 뽑혔다.

비록 몇 분이지만 작업장에서 작은 가지와 나무토막을 태우면, 그 따뜻한 난로 앞에서 몸을 녹일 수 있어서(추운 날씨에 밖에서 2시간 동안 일하고 나면) 정말 기뻤다. 그러나 감독 중에는 우리가 누리는 기쁨을 빼앗으며 즐거워하는 사람들이 꼭 있었다. 불을 쬐지 못하게 하고, 난로를 뒤엎고, 그토록 소중한 불씨를 눈 속으로 던질 때, 그 얼굴에서 쾌감의 빛을 생생히 읽을 수 있었다. 만약 나치 대원이 어떤 사람을 싫어한다고 해 보자. 감독 중에는 심한 고문을 아주 잘하는 사람, 여기에 아주 열정적인 사람이 있기 마련이었다. 그래서 나치 대원이 싫어하는 수감자는 불행하게도 바로 그 감독에게 보내졌다.

셋째, 감시병 대부분이 감정이 메마른 상태라는 점이다. 점점 심해지는 야만스러운 행동을 수용소 안에서 몇 년이나 보다 보니 그렇게 된 것이다. 도덕적으로나 정서적으로 메마른 사람들은 가혹한 일을 스스로 하지는 않았다. 하지만 다른 사람이 그렇게 하는 것을 말리지도 않았다.

넷째, 감시병 중에도 우리를 동정하는 사람들이 있었다는 사실을 분명히 말한다. 내가 갇혔던 수용소 소장도 그런 사람이었다. 수용소가 해방 — 그전에는 주치의와 수감자 한 사람만 알고 있었다 — 된 뒤, 이 사람이 가까운 마을 가게에 가서 수감자에게 줄 약을 샀는데 꽤 많은 돈을 자기가 냈다고 한다. 반대로 수용소 고참 관리인은

---

* **사디스트** 다른 사람에게 육체적, 정신적 고통을 주면서 만족해하는 사람

자기도 수감자이면서 어떤 나치 대원들보다 지독했다. 아주 사소한 것을 핑계로 수감자들을 때리곤 했다. 그렇지만 내가 알기로 수용소 소장은 우리에게 손 한 번 댄 적이 없었다.

이 수용소 소장이 유대인 수감자들을 어떻게 대했는지 알 수 있는 이야기가 있다. 전쟁이 끝나고 미군이 들어와 수용소에 있는 수감자들을 풀어 줄 때였다. 헝가리 출신 젊은 유대인 세 명이 그를 바바리아 숲에 숨겨 주었다. 그러고는 수용소 소장을 찾던 미군 소장에게 조건을 들어주면 그가 어디 있는지 알려 주겠다고 했다. 그를 체포해도 해를 입지 않게 하겠다는 약속을 받아 낸 것이다. 미군 소장은 약속을 지켰고, 그를 업무에 복귀시켰다. 바바리아 마을에서 옷을 모아서 우리에게 나누어 주도록 말이다. 그때까지도 우리는 아우슈비츠역에 도착하자마자 가스실로 갔던 사람들이 입었던 옷을 물려 입고 있었다.

어떤 사람이 수감자였는지, 감시병이었는지 하는 정보만으로는 그 사람이 어떤 사람인지 판단할 수 없다. 인간의 자애심은 모든 집단, 심지어 우리가 정말 벌 받아야 마땅하다고 여기는 집단에서도 찾을 수 있다. 집단과 집단 사이 경계선이 겹쳐지는 경우가 많아서 이 사람들은 천사고, 저 사람들은 악마라고 문제를 단순하게만 봐서는 안 된다. 수용소에서 수감자들을 친절하게 대했던 감시병이나 감독은 대단한 인간적 성취를 이룬 사람들이라고 할 수 있다. 하지만 같은 동료 수감자를 괴롭힌 사람의 비열함은 비난받아야 마땅하다.

물론 수감자들은 아주 고약하게 굴었던 몇몇 이들을 성격적으로 결함이 있는 사람들이라고 여겼다. 반대로 감시병이 작은 친절을 베풀면 깊이 감동했다.

어느 날 감독이 몰래 불러 나에게 빵을 주었던 일을 기억한다. 아침에 배급받은 빵을 아껴 둔 것이다. 그것은 빵의 의미를 뛰어넘었고, 나를 눈물로 감동시켰다. 그는 나에게 인간적인 '그 무엇'도 함께 주었다. 따뜻한 말과 눈길 말이다.

세상에는 두 가지 부류의 사람이 있으며, 빼어난 인격을 가진 사람과 낮은 인격을 가진 사람으로 나누어진다는 걸 알았다. 두 부류의 사람들은 어디에서나 볼 수 있다. 사회 모든 집단에 있다. 착한 사람들로만 이루어진 집단이나 악한 사람들만으로 이루어진 집단은 없다. '완전히 한 부류'의 사람들로만 구성된 집단은 이 세상에 없다는 것이다. 수용소 감시병 중에도 가끔 좋은 사람이 끼어 있을 수 있다.

강제 수용소에서의 생활은 인간의 영혼을 파헤치고, 그 영혼의 깊이를 적나라하게 드러냈다. 놀라운 것은 깊은 곳이 다 드러난 인간성에서도 선과 악이 섞여 있는 인간 그대로의 특징이 보인다는 것이다. 모든 인간에게 있는 선과 악을 나누는 층은 인간성의 그 깊은 바닥이 다 드러나는 강제 수용소라는 곳에서 더욱 분명하게 보인다.

자유라는 게 실감 나지 않는다

이제 정말 수용소에서 풀려난 사람들의 심리를 알아보겠다. 그 경험은 당연히 개인적일 수밖에 없다. 여기서는 크게 긴장했던 며칠이 지나고, 수용소 정문 위에 흰 깃발이 펄럭였던 그날, 아침에 있었던 이야기를 들려주겠다.

정신적으로 몹시 흥분했던 우리는 뒤이어 모두 긴장이 풀어졌다. 우리가 미친 듯이 기뻐했을 것이라고 생각한다면 틀렸다. 그다음에 무슨 일이 일어났을까? 피곤한 발걸음으로 몸을 질질 끌다시피 하며 수용소 정문으로 걸어갔다. 주위를 둘러보고, 의심스러운 눈으로 서로를 힐끗힐끗 쳐다보았다. 용기를 내서 수용소 밖으로 몇 발자국 나가 보았다. 우리에게 고함치며 명령하는 사람이 없었다. 주먹과 발길질을 피하려고 물속에서 허우적대는 오리처럼 몸을 움츠릴 필요도 없었다. 세상에! 감시병들이 우리에게 담배를 주었다! 처음에는 그들을 알아보지 못했다. 그들은 이미 민간인처럼 옷을 갈아입고 있었다. 수용소 밖으로 난 길을 따라 우리는 천천히 걸었다. 금세 다리가 아파 왔고, 힘이 다 풀리는 듯했다. 그래도 절뚝거리며 걸었다. 자유인의 눈으로 그전까지 미처 보지 못했던 수용소 주위를 살펴보고 싶었다.

자유. 스스로 몇 번이나 이 단어를 되뇌었다. 아무런 느낌이 없었다. 지난 몇 년이나 그토록 자유를 바라며 얼마나 자주 이 말을 했는지, 그 의미조차 분명하지 않게 느껴졌다. 현실 감각이 아직 없었다.

자유가 우리 것이라는 게 실감 나지 않았다.

드디어 꽃이 가득 피어 있는 들판에 도착했다. 꽃이 피어 있는 것은 눈으로 보고 알았지만, 아무런 감동도 느껴지지 않았다. 처음으로 불꽃이 튀는 것 같은 기쁨을 느낀 것은 여러 색깔 깃털이 난 수탉의 꼬리를 봤을 때였다. 하지만 잠시뿐이었다. 우리는 아직 이 세상에 있는 사람들이 아니었다.

저녁이 되어 사람들이 모두 막사에 모였을 때, 한 사람이 다른 사람에게 조용히 물었다.

"말해 보게. 자네 오늘 기뻤나?"

모두가 그렇게 느꼈다는 걸 몰랐던 그는 부끄러운 듯 대답했다.

"솔직하게 얘기하자면 아니야."

글자 그대로 기쁨을 느끼는 능력을 잊어버린 것이다. 천천히 그것을 다시 배워야 했다.

이처럼 갇혀 있다가 석방된 죄수에게 나타나는 현상을 정신 의학적 용어로 '이인증'이라고 한다. 모든 것이 꿈처럼 비현실적이고, 있을 법하지 않은 것처럼 보이는 것이다. 현실이라는 것을 믿을 수 없었다. 지난 몇 년 동안 얼마나 많이 꿈에게 속았는지! 자유의 날이 와서 집으로 돌아가고, 친구와 인사를 나누고, 아내와 포옹하고, 테이블에 앉아서 그동안 우리가 겪었던 일들을 모두 이야기하는 꿈을 오랫동안 꾸었다. 너무나 자주 꾸었다. 그때 호루라기 소리가 들린다. 자리에서 일어나라는 호루라기 소리와 함께 자유의 날에 대한 꿈도 끝났다. 꿈은 이제 현실이 되었다. 하지만 정말 이 꿈을 믿어도 될까?

몸은 마음보다 거부감이 적었다. 몸은 새롭게 얻은 이 자유를 처음부터 잘 썼다. 몸은 게걸스럽게 잘 먹어 댔다. 몇 시간 동안, 며칠 동안, 심지어 한밤중에도 먹었다. 사람 하나가 먹어 치우는 음식 양이 놀라울 정도였다. 어떤 사람은 친절한 이웃 농부의 초대를 받았는데, 그 집에서 먹고 또 먹고, 커피까지 마셨다. 그러면서 혀가 풀려서는 몇 시간 동안 이야기를 풀어냈다. 몇 년 동안 마음을 짓누르던 압박이 마침내 사라진 것이다. 그가 이야기하는 것을 보았다면 누구라도 알았을 것이다. 그가 말하고 싶어 했다는 것을. 말하고 싶은 욕구가 참을 수 없을 정도로 컸다는 것을.

나는 아주 짧은 시간이더라도 심한 압박(마음의 평화를 깨뜨리는 신경과민 상태)을 겪은 사람이 이와 비슷한 반응을 보이는 것을 관찰한 적이 있었다. 혀뿐만 아니라 마음속 응어리가 풀리는 데에도 여러 날이 걸렸다. 그다음에는 감정이 그 억누름에서부터 폭발하듯 뿜어져 나왔다.

자유를 찾은 지 며칠이 지난 어느 날이었다. 나는 수용소 가까이 시장에 가려고 꽃이 가득한 들판을 지나 시골길을 걸었다. 종달새가 하늘로 날아올랐고, 여기저기서 새들의 노랫소리가 들려왔다. 주변에 사람 하나 보이지 않았다. 드넓은 땅과 하늘, 종달새 울음과 자유로운 공간만이 거기 있었다.

나는 멈춰 서서 주변을 돌아보고, 하늘을 올려다보았다. 무릎을 꿇었다. 그 순간 나 자신은 물론, 이 세상에 대해 아무것도 생각하지 않았다. 항상 그랬던 것처럼 단 한 가지만 마음속에 품었다.

"저는 제 비좁은 감방에서 주님을 불렀습니다. 그런데 주님은 이렇게 자유로운 공간에서 저에게 대답하십니다."

얼마나 오래 무릎을 꿇고 앉아서 이 말을 되풀이했는지 기억나지 않는다. 그러나 알고 있었다. 바로 그날, 바로 그 순간부터 새 삶이 시작되었다는 것을. 나는 다시 인간이 되고자 한 걸음 한 걸음 앞으로 걸어갔다.

정신적 억압이 갑자기 풀릴 때의 위험

수용소에서 마지막 며칠은 정신적으로 아주 긴장해(신경전에서 마음의 평화까지) 있었다. 그 긴장에서 빠져나오는 길은 순탄치 않았다. 감옥에서 풀려났으니 정신적 치료가 이제 필요 없겠다고 생각한다면 잘못이다. 정신적 압박을 심하게, 오랫동안 받은 사람은 자유를 얻고 나서도 전과 똑같이 위험하다. 정신적 억압 상태에서 갑자기 벗어났다면 더욱 그렇다.

정신 위생학적 의미로 보면 잠수병과도 같다고 할 수 있다. 잠수부가 깊은 물속에서 그 압력을 크게 받고 있다가 갑자기 밖으로 나올 때 가장 위험한 것처럼, 정신적 억압을 크게 받다가 갑자기 풀려난 사람은 도덕적, 정신적 건강에 손상이 생길 위험이 크다.

심리적 단계에서 원초적인 기질을 지닌 사람들은 수용소에서 겪은 야만성에서 쉽게 빠져나오지 못한다. 이제 자유의 몸이 됐으니 마치 특별 허락을 받은 것처럼 잔인하게 사용할 수도 있다. 변한 게 있다면 그들이 이제 억압받는 쪽이 아니라 억압하는 쪽이 된다는 것이다. 폭력과 불의를 당하는 사람이 아니라 가해자가 된다. 자기들이 끔찍한 일을 겪었다고 자기 행동을 정당화한다. 이런 일은 별일 아닌 데서도 볼 수 있다.

어느 날 다른 친구와 함께 들을 가로질러 수용소로 돌아가고 있었다. 농작물이 자라고 있는 밭이 나타나자 나는 무의식적으로 피해 갔다. 그때 친구가 내 팔을 잡고 밭으로 끌고 들어가는 거였다. 나는 더듬거리면서 어린 농작물을 짓밟지 말자고 했다. 그는 짜증을 냈다. 화난 얼굴로 나를 보며 소리쳤다.

"그런 말 하지 말게. 그만큼 빼앗겼으면 된 거 아니야? 내 아내와 아이는 가스실에서 죽었어. 그러니 더 이상 할 말 없는 거 아니야? 내가 귀리 몇 포기 밟는다고 뭐라고 하다니!"

이런 사람들은 아주 천천히 평범한 진리로 돌아올 수 있도록 도와주어야 한다. 자신이 옳지 못한 짓을 당했다 해도 자기가 누군가에게 옳지 못한 짓을 할 권리는 없다는 평범한 진리를 일깨워 주어야 한다. 그들이 다시 돌아올 수 있도록 계속 노력해야 된다. 그렇지 않으면 귀리 수천 포기가 아니라 더 나쁜 일을 불러올 수 있기 때문이다.

아직도 한 친구가 소매를 걷어붙이고 오른손 주먹을 내 코밑에 갖다 대며 소리치던 것을 기억하고 있다.

"집으로 돌아가는 날, 내가 이 손에 피를 묻히지 않는다면 내 손을 잘라 버릴 거야."

여기서 내가 꼭 말하고 싶은 것은 이 친구는 절대 나쁜 사람이 아니었다는 것이다. 그는 수용소에서도, 나온 뒤에도 나의 가장 친한 동료였다.

비통과 환멸

정신적 억압에서 갑자기 풀려났을 때 도덕적 결함만 나타나는 것은 아니다. 사람 성격에 손상을 줄 수 있는 두 가지 경험이 더 있다. 정상 생활로 돌아오면 비통함과 환멸을 느끼게 된다.

자기가 살던 곳으로 돌아왔을 때, 사람들이 자기를 봐도 어깨를 으쓱하거나 평범한 인사 정도만 한다는 사실을 알게 된다. 그러면 비통해진다. 자기가 과연 무엇 때문에 그 고통을 다 겪어 냈는지 스스로 묻게 되는 것이다. 주변에서는 늘 같은 말만 한다.

"우리는 그런지 몰랐네요."

"우리도 당신들처럼 똑같이 고통을 받았다고요."

이런 말을 들으면 돌아온 사람들은 스스로 묻는다.

"사람들은 정말 나에게 더 해 줄 말이 없는 걸까?"

환멸은 이것과는 또 다른 문제다. 환멸을 느끼는 것은 사람들에게 가 아니라 그토록 잔인한 운명 그 자체이다. 몇 년 동안 인간이 겪을 수 있는 시련과 고난의 절대적 한계까지 가 보았다고 생각했는데, 아직도 시련이 끝나지 않은 것이다. 시련에는 끝이 없고, 앞으로도 더 많은 시련을 더 혹독하게 겪어야 한다는 걸 깨닫는다.

수용소에 있는 사람에게 정신적으로 용기를 주려면 미래에 기대할 수 있는 것을 보여 주어야 한다고 얘기한 것을 기억할 것이다. 그런 사람들에게 나는 삶이 여전히 기다리고 있고, 그가 돌아오기를 기다리는 '사람'이 있다고 일깨워 주었다.

그렇지만 정작 자유가 되고 나니 어떤가? 어떤 사람은 아무도 자기를 기다리지 않았다는 걸 알게 된다. 슬프다! 수용소에서는 기억하는 것만으로도 그렇게 용기가 되었던 그 사람이 이제 존재하지 않는다는 것을 알게 된 사람. 슬프다! 마침내 자유가 왔는데, 모든 것이 꿈꾸던 것과 너무나 다르다는 것을 알게 된 사람. 그는 전차를 타고 몇 년 동안 마음속 그리던 집으로 돌아와 꿈속에서 수천 번 눌렀던 그 벨을 눌렀을 것이다. 그러나 문을 열어 줄 그 사람은 그곳에 없었다. 앞으로도 계속 없을 것이다.

수용소에 있을 때 우리는 얘기했다. 세상에 나가도 그동안 겪은 시련을 보상해 줄 만한 행복은 없을 것이라고. 우리가 바란 것은 행복이 아니었다. 행복을 바라서 스스로 용기를 얻고, 시련과 희생과 죽음에 의미를 두었던 것이 아니었다. 하지만 불행을 견딜 만한 준비도 되어 있지 않았다. 꽤 많은 사람이 겪는 이런 환멸은 극복하기가 아주 어렵다. 나 같은 정신과 의사도 도와주기가 여간 힘든 것이 아니다. 그렇다고 낙담하지는 않는다. 오히려 새로운 자극을 받는다.

지금 어려움을 겪는 사람들도 언젠가는 이때를 돌아보며 자기가 그 시련을 어떻게 견뎠는지 모르겠다고 말하는 날이 올 것이다. 마침내 자유의 날이 찾아와 모든 게 아름다운 꿈처럼 여겨진 것과 같이 수용소에서 겪은 시련이 언젠가는 한 번의 악몽쯤으로 생각될 날이 올 것이다.

살아 돌아온 사람이 시련으로 얻은 가장 값진 경험은 막상 다 겪어보니, 이 세상에서 신 말고는 아무것도 두렵지 않다는 아주 신기한 느낌을 알게 되는 것이다.

2부_ 로고테라피의 기본 개념

로고테라피

자전적인 이 이야기를 읽은 독자들은 나의 정신 치료법 이론에 대해서도 설명해 달라고 했다. 그래서 《죽음의 수용소에서》 초판*에 로고테라피에 대해 간단하게 설명해 넣었다. 하지만 그걸로 부족했는지 좀 더 폭넓게 설명해 달라는 요청이 많았다. 그래서 이번 판에서는 그 내용을 완전히 새로 썼다.

결코 쉬운 작업이 아니었다. 20권에 이르는 독일어판의 방대한 자료들을 몇 장 분량으로 줄여 독자에게 전달한다는 것은 거의 불가능한 일이었다. 언젠가 오스트리아 빈에 있는 내 진료소를 찾았던 미국인 의사가 생각난다.

"선생님은 정신 분석가신가요?"

"정확하게 말하자면 정신 분석가가 아니라 정신 치료사라고 할 수 있겠지요."

"선생님은 어느 학파입니까?"

"제가 직접 이론을 만들었습니다. 로고테라피라고 하죠."

"로고테라피가 무엇인지 한 문장으로 설명해 주실 수 있습니까?"

그가 이어서 물었다.

"최소한 정신 분석과 로고테라피의 차이점을 말씀해 주실 수는 있겠지요?"

"물론입니다."

나는 그렇게 대답하고는 다시 물었다.

"그 전에 먼저 선생께서 정신 분석이 무엇인지 한 문장으로 요약해 주시겠습니까?"

그가 말했다.

"정신 분석을 하는 동안 환자는 침대에 누워서, 때로는 의사에게 하기 거북한 말을 해야 합니다."

그 말을 듣자마자 나는 대답했다.

"로고테라피를 받는 동안 환자는 똑바로 앉아서 의사에게서 때로는 듣기 거북한 말을 들어야 합니다."

물론 이 말은 농담이었고, 로고테라피가 무엇인지 설명하려는 것은 아니었다. 하지만 정신 분석과 비교해서 로고테라피가 과거를 돌

---

* **초판** 처음으로 출판된 책

아보거나, 자기 성찰에 집중하는 방법이 아니라는 점에서 어느 정도 맞는 말이었다.

로고테라피*는 환자의 미래에 초점을 맞춘다. 앞으로 환자가 이루어야 할 일이 갖는 의미에 집중한다. 실제로 로고테라피에서는 환자가 삶의 의미와 직접 마주하고, 그것으로 나아갈 수 있도록 도와준다. 환자 스스로 삶의 의미를 깨우치는 것이 환자의 능력을 키워 정신병을 극복하는데 큰 도움이 된다.

왜 이 이론에 '로고테라피'라는 이름을 붙였는지 설명하겠다. 로고스는 '의미'를 뜻하는 그리스어이다. 로고테라피는 인간 존재의 의미와 그 의미를 찾아 나가는 인간 의지에 초점을 맞춘 이론이다. 그리고 자기 삶에서 의미를 찾고자 하는 노력을 인간의 가장 원초적인 힘으로 본다.

의미를 찾고자 하는 마음

의미를 찾고자 하는 마음은 사람의 삶에서 가장 주요한 동기다. 본능적인 욕구를 합리화시키려고 하는 부차적 기제가 아니다. 이 의미는 유일한 데다 각자만이 가진 것이라서 반드시 그 사람이 이루어야 하고, 또 그 사람만이 이룰 수 있다. 그렇게 해야만 의미를 찾는 그 자신의 의지가 채워지는 것이다.

몇 년 전 프랑스에서 설문 조사를 한 적이 있다. 89퍼센트의 사람들이 인간에게는 살아야 할 의미를 주는 '그 무엇'이 필요하다고 했다. 그 가운데 61퍼센트는 그것을 위해 기꺼이 목숨을 내놓을 수 있는 '어떤 것'과 '어떤 사람'이 있다고 대답했다.

그 뒤 나는 빈에 있는 내 진료소에서 환자들과 병원 직원들에게 같은 설문 조사를 해보았다. 프랑스의 결과와 2퍼센트밖에 차이가 안 나는 비슷한 결과가 나왔다.

존스홉킨스 대학교 사회 과학자들이 48개 대학 학생 7,948명을 대상으로 통계 조사를 한 적도 있다. 국립정신건강연구소의 지원을 받아 2년 동안 진행된 연구 프로젝트였다. 자신에게 '가장 중요한 것'이 무엇이냐는 설문에 학생 16퍼센트가 '돈을 많이 버는 것'이라고 했다. 그리고 78퍼센트는 첫 번째 목표가 '자기 삶의 목표와 의미를 찾는 것'이라고 대답했다.

긴장의 중요성

사람이 의미를 찾으려고 노력하는 일은 마음에 평온을 주기보다는 긴장을 불러일으킨다. 하지만 내면의 긴장은 정신 건강에 정말 필요하다. 삶에 의미가 있다는 것을 깨닫는 것은 최악의 상황에서 효과적으로 살아남을 수 있는 방법이다. '왜 살아야 하는지 아는 사람은 어

※ **로고테라피**Logotherapy 여기서 말한 의미에 중심을 두는 정신 치료법

떤 어려움도 참고 견딘다'라는 니체의 말에 그 지혜가 담겨 있다. 이 말에서 정신 치료에 효과적인 좌우명을 찾을 수 있다.

나치 강제 수용소에 있던 사람들은 자기가 할 일이 있음을 알 때, 더욱 잘 살아남았다는 사실을 눈으로 확인했다. 강제 수용소 경험을 쓴 다른 사람들도 그렇게 말하고, 일본, 북한, 북베트남의 포로 수용소에서 했던 정신 치료 연구 조사에서도 똑같은 결과가 나왔다.

내 이야기도 해 보겠다. 아우슈비츠에 처음 잡혀가서 나는 출판하려고 쓰고 있던 원고를 압수당했다(이 원고는 내 첫 책의 초판본이었다. 이 책의 영문판은 1955년 미국 뉴욕의 알프레드 A. 크노프 출판사에서 《의사와 영혼: 로고테라피의 소개》라는 제목으로 출판되었다). 이 원고를 다시 쓰겠다는 강한 바람은 수용소의 혹독함을 견디는 데 확실히 도움을 주었다.

바바리아에 있는 수용소에서 발진 티푸스에 걸렸을 때, 나는 작은 종잇조각에 많은 메모를 적었다. 해방의 날까지 살아 있다면 원고를 다시 쓰게 도와줄 메모들이었다. 바바리아의 어두운 막사에서 잃어버린 원고의 기억을 더듬었던 것이 내가 심혈관 허탈 같은 증상을 이겨내는 데 도움이 되었다고 확신한다.

이 이야기처럼 사람은 어느 정도 긴장하고 있을 때 정신적으로 건강하다. 이미 이루어 놓은 것과 앞으로 이루어야 할 것 사이의 긴장, 지금의 나와 앞으로의 나 사이에 놓여 있는 틈 사이의 긴장이다. 인간에게 본래 있는 것이고, 정신적으로 잘 존재하기 위해서 꼭 필요한 것이다.

따라서 우리는 내면에 숨어 있는 의미를 찾도록 도전장을 던져야한다. 그래야 의미를 찾고자 하는 의지를 일깨울 수 있다. 우리는 흔히 사람에게 필요한 게 마음의 안정이라고, 생물학에서 말하는 항상성, 다시 말해 긴장이 없는 상태라고 말한다. 그러나 나는 정신 건강에서 이처럼 위험한 오해가 없다고 본다.

인간에게 진짜 필요한 것은 긴장 없는 상태가 아니라 가치 있는 목표, 자유 의지로 선택한 목표를 위해 노력하고 싸우는 것이다. 인간에게 필요한 것은 어떻게 해서든 긴장에서 벗어나려는 게 아니라 앞으로 성취할 삶의 숨은 의미를 밖으로 불러내는 것이다. 항상성이 아니라 정신적인 역동성이 필요하다. 한쪽에는 실현할 의미가, 다른 쪽에는 의미를 실현시킬 인간이 있는 존재의 역동성이다.

지금까지 삶의 의미를 찾도록 하는 것이 환자에게 유익한 영향을 끼친다는 것을 이야기했다. 지금부터는 요즘 많은 환자들을 고통스럽게 하는 생각, 자기 삶 전체가 완전히 무의미하다는 생각이 가져오는 나쁜 영향을 얘기하겠다.

환자들은 살 만한 가치가 있는 삶의 의미가 무엇인지 잘 모른다. 내면의 공허, 자신 안의 허무가 늘 자신을 따라다닌다고 느낀다. 앞에서 내가 '실존적 공허'라고 얘기했던 바로 그런 상황에 갇혀 고통스러워지는 것이다,

실존적 공허감

실존적 공허감은 20세기 사람들에게 아주 넓게 퍼져 있는 현상이다. 충분히 그럴 만하다. 인간이 진정한 의미의 인간이 된 다음, 두 가지를 잃어버렸기 때문이다.

인류의 역사가 시작될 때 인간은 동물적인 본능의 한 면을 잃었다. 본능에 따라 행동하고, 그걸로 자신을 안전하게 지키는 법을 잃어버린 것이다. 낙원에서나 얻을 수 있는 안전함은 이제 인간에게 영원히 불가능해졌고, 인간은 선택해야 하는 상황에 놓였다.

여기 덧붙여서 최근에 인간은 또 다른 상실감을 맛보게 되었다. 자기 행동을 지켜 주던 전통이 빠르게 무너지고 있는 것이다. 이렇게 해야 한다고 이끄는 본능도 없고, 이렇게 해야 한다고 가르치는 전통도 없다. 어떤 때는 자기가 정말 무엇을 원하는지 모를 정도가 됐다. 그래서 남이 하는 대로 따라 하거나 아니면 남이 시키는 대로 하는 사람들이 되어 버렸다.

요즘에 내가 가르치는 유럽 학생들을 조사했더니 전체 학생의 25퍼센트가 크든 작든 실존적 공허감을 느끼는 것으로 나타났다. 미국 학생들은 25퍼센트가 아니라 무려 60퍼센트가 공허감을 느끼고 있었다.

실존적 공허감은 대개 권태로움을 느끼는 걸로 나타난다. 인간은 고민과 권태 사이를 끊임없이 오가도록 운명 지어진 존재라는 쇼펜하우어의 말이 이해가 갈 것이다. 요즘은 고민보다는 권태로움이 문제가 되는 경우가 많다. 이 문제 때문에 정신과 의사를 찾는 경우가 더 많은 게 확실하며 앞으로 더 많아질 것이다. 사회의 부분들이 점점 자동화되면서 사람들은 여가 시간을 더 많이 갖게 되지만, 많은 사람들이 그 한가한 시간을 어떻게 보내야 할지 모른다.

'일요병'을 예로 들어 보겠다. 일요병은 눈코 뜰 새 없이 바빴던 한 주일을 보내고 내면의 공허감이 밀려올 때, 자기 삶이 아무 의미가 없다는 것을 깨닫는 사람이 겪는 우울증의 한 종류이다. 이런 실존적 공허감 때문에 사람들은 자살하게 된다. 현대 사회에 넓게 깔려 있는 우울증과 공격성, 중독증의 이유를 알고 싶다면 그 밑에 있는 실존적 공허감을 먼저 이해해야 한다. 연금으로 생활하는 사람이나 노인들이 느끼는 위기감도 이와 같다.

이제, 삶의 의미가 무엇이냐고 묻는 환자에게 무엇을 해 줄 수 있는지 생각해 보자.

삶의 의미

의사들이 여기에 같은 대답을 해 줄 수는 없다고 생각한다. 삶의 의미는 사람마다, 매일마다, 시간마다 다 다르기 때문이다. 중요한 것은 누구에게나 그런 일반적인 삶의 의미가 아니라 주어진 상황마다 각자 사람의 삶이 갖는 그만의 고유한 의미다.

일반적인 삶의 의미를 묻는 것은 체스 챔피언에게 이런 질문을 던지는 것과 같다.

"이 세상에서 가장 절묘한 수는 무엇입니까?"

지금 벌어지는 게임의 판세와 상대편 선수의 개인 성향을 따져 보지 않고는 가장 절묘한 수란 있을 수 없다.

인간 존재도 마찬가지이다. 추상적으로 삶의 의미를 찾아서는 안 된다. 사람에게는 누구나 구체적인 과제를 해 나가기 위한 특정한 일과 임무가 있다. 이 일에서 그를 대신할 수 있는 사람은 아무도 없고, 그의 삶도 반복되지는 않는다. 그 자신의 임무는 거기에 따라오는 특정한 기회만큼이나 유일하다.

삶에서 마주치는 각각의 상황이 한 인간에게는 도전이며, 그것이 그가 해결해야 할 문제다. 그러니까 삶의 의미를 묻는 질문이 바뀔 수도 있다. 인간은 자기 삶의 의미가 무엇이냐를 물어서는 안 된다. 이런 질문을 던지는 사람이 바로 '자기'라는 것을 알아야 한다. 다시 말해 인간은 삶에서 질문을 받고 있으며, 자신의 삶에 '책임을 져서' 만이 삶의 질문에 대답할 수 있다. 오로지 책임감을 갖는 것으로 삶에게 대답할 수 있다. 로고테라피에서는 이처럼 책임감을 인간 존재의 본질로 본다.

존재의 본질과 사랑의 의미

로고테라피는 환자가 무엇을 책임져야 하는지 분명히 깨닫도록 한다. 무엇을 위해, 무엇에 대해, 누구에게 책임져야 하는가 하는 문제는 오로지 환자 스스로의 판단에 맡긴다. 심리 치료사 가운데 로고테라피 치료사는 환자에게 가치 판단을 내려 주려는 생각을 가장 덜한다. 왜냐하면 환자가 가치 판단을 내릴 책임을 의사에게 떠넘기는 것을 절대 받아 주지 않기 때문이다.

환자가 삶의 과제를 사회에 대한 책임에서 찾을지, 자기 양심에 대한 책임에서 찾을지 판단하는 것은 자기 몫이다. 하지만 어떤 사람들은 삶을 단지 자기 자신이 갖는 임무에서 보려 하지 않고, 임무를 주는 누군가의 시각으로 보려고 하기도 한다.

로고테라피는 가르침도 설교도 아니다. 도덕적 훈계와도 논리적 생각과도 거리가 멀다. 로고테라피 치료사가 하는 일은 화가보다는 안과 의사가 하는 일에 가깝다. 화가는 자기 눈에 비친 세상의 모습을 우리에게 전하려고 애쓴다. 반면 안과 의사는 우리가 세상을 있는 그대로 보게 해 주려고 노력한다. 로고테라피 치료사가 하는 일은 환자가 자신의 눈으로 더 크고 넓게 볼 수 있도록 하는 것이다. 그렇게 해서 의미의 전체 모습과 다양한 영역을 환자가 알고 볼 수 있도록 해 준다.

인간이 책임감을 가지고, 숨어 있는 삶의 의미를 이루어야 한다는 주장으로 강조하고 싶은 게 있다. 진정한 삶의 의미는 사람의 내면이나 정신에서 찾을 게 아니라 이 세상에서 찾아야 한다는 것이다. 이것을 나는 '인간 존재의 자기 초월'이라고 이름 지었다. 이 말은 인간이 자기 자신이 아니라 그 어떤 것, 그 어떤 사람을 향하고 그쪽으로 주의를 돌려야 함을 뜻한다. 성취해야 할 의미일 수도 있고, 혹은 그가 만나야 할 사람일 수도 있다. 사람은 자기 자신을 잊으면 잊을수록 — 스스로 봉사할 이유를 찾거나 누군가에게 사랑을 주는 것 — 더 인간다워지며, 자기 자신을 더 잘 실현할 수 있다. 이른바 자아실현이라는 목표는 실현할 수 있는 것이 절대 아니다. 자아실현을 하려면 할수록 더욱더 그 목표에 이르지 못하게 되기 때문이다. 다른 말로 하자면, 자아실현은 자아 초월을 해서 따라오는 결과의 한 면일 뿐이다.

이제 우리는 삶의 의미란 끊임없이 변하지만 절대로 없어지지 않는다는 것을 알았다. 로고테라피로 우리는 삶의 의미를 세 가지로 찾을 수 있다.

1. 무엇인가를 창조하거나 어떤 일을 함으로써
2. 어떤 일을 경험하거나 어떤 사람을 만남으로써
3. 피할 수 없는 시련에 대해 어떤 태도를 갖기로 결정함으로써

첫 번째를 달성하는 방법은 아주 분명하다. 하지만 두 번째와 세 번째는 설명이 좀 더 필요할 것 같다.

삶에서 의미를 찾는 두 번째 방법은 어떤 것 — 선이나 진리, 아름다움 — 을 경험하는 것, 자연과 문화를 경험하거나(마지막이지만 무

엇보다도 중요한 것은) 다른 사람을 유일한 존재로 경험하는 것, 그러니까 그 사람을 사랑하는 것을 말한다.

사랑은 다른 사람의 인간성을 가장 깊은 곳까지 알아볼 수 있는 유일한 방법이다. 사랑하지 않고서는 누구도 그 사람의 본질을 완전히 알 수 없다. 사랑으로써 사람은 사랑하는 사람의 원래 특성과 개성을 볼 수 있으며, 더 나아가 그 사람이 가지고 있는 숨은 것, 아직 실현되지 않았지만 앞으로 실현할 것이 무엇인지도 볼 수 있다. 그뿐만 아니라 사랑의 힘으로 자기가 사랑하는 사람이 잠재력을 발휘하게 도울 수 있다. 사랑하는 사람에게 자신이 할 수 있는 일이 무엇인지, 자신이 어떻게 돼야 하는지를 깨닫게 해서 숨은 능력을 실현시키게 하는 것이다.

시련의 의미

세 번째로 삶의 의미를 찾는 방법은 시련을 통해서이다.

아무리 절망스러운 상황이라도, 도저히 피할 수 없는 운명과 마주치더라도, 삶의 의미를 찾을 수 있음을 잊어서는 안 된다. 이를 통해서 단 하나뿐인 인간의 잠재력이 가장 높은 곳에 다다르는 것을 볼 수 있으니까. 잠재력은 한 사람의 비극을 승리로 만들고, 곤경을 성취로 바꾼다. 어떤 상황을 도저히 바꿀 수 없다면 — 수술할 수 없는 암 같은 불치병에 걸렸다고 해 보자 — 우리 자신이 변해야 한다.

분명히 알려 주는 예가 하나 있다. 한번은 나이 지긋한 개인 병원 의사가 우울증 때문에 상담을 받으러 왔다. 2년 전에 아내가 세상을 떠나 상실감에 빠져 있었다. 그는 아내를 이 세상 누구보다 사랑했다. 그를 어떻게 도울 수 있을까? 어떤 말을 해 주어야 할까?

그에게 이렇게 물은 것 말고는 다른 말은 거의 하지 않았다.

"만약 선생님이 먼저 죽고 아내가 살아남았다면 어떻게 됐을까요?"

그가 말했다.

"오 세상에! 아내에게는 아주 끔찍한 일이었을 겁니다. 그걸 어떻게 견디겠어요?"

내가 말했다.

"그것 보세요. 선생님, 부인께서는 그런 고통을 피하셨어요. 바로 선생님이 부인을 고통스럽지 않게 해 주셨네요. 그 대신 지금 선생님이 살아남아 부인을 위해 슬퍼하는 것이지요."

그는 조용히 일어나서 나와 악수를 한 뒤 진료실을 나갔다. 어떤 의미에서 시련은 그 의미 ― 희생 같은 ― 를 알게 되는 순간 더 이상 시련이 아니다.

물론 이것은 엄격하게 말해서 치료는 아니었다. 왜냐하면 그의 절망은 병이 아니었고, 내가 그의 운명을 바꾸거나 그 아내를 살릴 수도 없었기 때문이다. 그러나 나는 바뀔 수 없는 운명을 대하는 그의 태도를 바꾸도록 도왔다. 이제 그는 자기가 겪는 시련의 의미가 무엇인지 알게 되었다.

인간이 관심을 가지는 게 쾌락을 얻거나 고통을 피하는 게 아니고, 삶에서 어떤 의미를 찾는 데 있다는 것이 로고테라피의 기본 믿음이다. 시련이 어떤 의미가 있다면 인간은 그것을 견딜 수 있다.

물론 여기서 확실히 밝힐 것이 있다. 의미를 발견한다고 시련이 '반드시 필요한' 것은 아니라는 점이다. 시련 속에서도 — 피할 수 없는 시련일 경우 — 의미를 찾을 수 있다는 말을 하고 싶었을 뿐이다. 만약 시련을 피할 수 있다면 그렇게 하는 게 의미 있는 행동이다. 심리적, 신체적, 정치적인 어떤 시련이든 말이다. 필요 없는 고통을 계속 가지고 있는 건 영웅적인 행동이 아니고 자기를 괴롭히는 것이다.

누구나 자기 일을 할 기회, 자기 인생을 즐길 기회를 빼앗기는 상황에 놓일 수 있다. 그때 시련을 피할 수 없음을 똑바로 봐야 한다. 시련의 도전을 용감하게 받아들이면 삶은 마지막 순간까지 의미를 갖는다. 글자 그대로 죽을 때까지 말이다. 삶의 의미는 이처럼 절대적이다. 피할 수 없는 시련의 의미까지 모두 담겨 있기 때문이다.

내가 강제 수용소에서 가장 절실하게 느낀 것을 얘기해 보겠다. 정확한 통계에서도 알 수 있듯, 당시 수용소에서 살아남을 확률은 스물여덟 중 한 명도 채 안 됐다. 내가 아우슈비츠에 도착했을 때, 외투 안에 숨긴 내 첫 번째 책의 원고를 구해 낼 가능성은 거의 없었다. 내 정신적 자식을 잃는 고통을 버티고 이겨 내야 했다. 이제 나에게는 아무것도, 어느 누구도 남아 있지 않은 듯했다. 진짜 자식은 물론이고, 정신의 자식도! 그러자 내 삶이 이제 진짜 아무 의미가 없을까 궁금해졌다.

그때까지만 해도 나는 몰랐다. 그렇게 고민스럽던 의문의 해답을 내가 이미 갖고 있었다는 것과 곧 그 답을 깨닫게 될 거라는 것을 말이다. 그것을 깨달은 것은 아우슈비츠 기차역에 도착하자마자 내가 입었던 옷을 벗고, 가스실로 보내진 수감자의 누더기 옷을 물려받았을 때였다.

그동안 써 놓았던 책의 원고를 빼앗겼지만 나는 물려받은 그 누더기 옷에서 히브리어 기도 책에서 찢어 낸 종이 한 장을 발견했다. 유대교 기도문 중에서도 가장 중요한 〈셰마 이스라엘〉* 이었다. 이 기막힌 '우연의 일치'를 어떻게 다르게 해석할 수 있겠는가? 내 생각을 단지 종이에 적지만 말고 그대로 '살아 보라'는 도전으로 나는 받아들일 수밖에 없었다.

그러나 시간이 더 지나, 나는 곧 죽을 것 같다는 생각을 했던 것으로 기억한다. 하지만 이런 가혹한 상황에서도 동료들의 생각은 달랐다. 그들은 이렇게 물었다. "우리가 수용소에서 살아남을 수 있을까? 안 그러면 이 모든 시련이 아무 의미가 없잖아." 하지만 당시 나에게는 이 질문이 이렇게 다가왔다.

"옆에서 사람들이 계속 죽어 나가는 이 시련에도 의미가 있을까? 안 그러면 궁극적으로 여기서 살아남아야 할 의미가 없잖아. 탈출하느냐 마느냐 같은 우연에 그 의미가 좌우되는 것이라면 그건 전혀 살아갈 가치가 없는 삶일 거야."

로고드라마

"내 삶의 의미는 무엇인가요?"라는 질문을 가지고 나를 찾아온 환자의 예를 하나 들려고 한다. 열한 살짜리 아들을 잃고 자살하려고 했던 한 어머니가 우리 병원으로 왔다. 쿠르트 코코우렉 박사가 그녀를 집단 심리 치료 모임으로 데려갔다. 내가 그 방에 들어갔을 때 마침 박사가 사이코드라마**를 이끌고 있었다.

그녀가 자기 이야기를 했다. 그 아들이 죽고, 소아마비로 다리를 못 쓰는 큰아들과 자기만 이 세상에 남겨지게 됐다고 했다. 그 불쌍한 소년은 장애 때문에 휠체어를 타고 다녀야 했다. 그녀가 자기 운명에 좌절해서 큰아들과 함께 자살하려고 했을 때, 그녀를 막은 것은 바로 그 큰아들이었다. 아들은 살고 싶었던 것이다. 그에게 삶은 여전히 의미 있었다. 그런데 왜 어머니는 그렇지 못했을까? 어떻게 하면 그녀의 삶이 의미를 갖게 될까? 그것을 깨닫도록 우리가 도와줄 방법이 없을까?

그 자리에서 바로 나도 토론에 끼었다. 그리고 다른 여자 분에게

---

* **셰마 이스라엘** 유대인들이 매일 아침저녁 예배 때 읊는 기도
** **사이코드라마** 환자들이 연기를 하면서 마음을 터놓게 하는 치료

물었다. 나이를 묻자 그녀는 대답했다.

"서른 살이에요."

"이제 당신은 서른이 아니라 여든 살이고, 지금 죽음을 앞두고 있다고 생각해 봅시다. 당신은 그동안 살아온 삶을 돌아봅니다. 아이는 없었지만 돈을 많이 벌었고, 사회적인 지위도 높은 풍족한 삶이었지요."

이렇게 말한 다음, 그녀가 이런 상황이라면 무슨 생각을 할지 상상하도록 했다.

"어떤 생각이 들까요? 자신에게 뭐라고 얘기할까요?"

그때 녹음해 둔 테이프에 담긴 그녀의 말을 그대로 적어 보겠다.

"아! 나는 백만장자와 결혼했고, 부귀영화를 누리며 쉽게 살았지요. 원 없이 마음껏 살았어요. 남자와 연애도 하고, 남자를 갖고 놀기도 했지요. 그런데 여든 살인 내가 자식이 하나도 없네요. 늙어서 과거를 돌아보니 그게 다 무엇을 위한 것이었나 하는 생각이 듭니다. 내 인생은 실패했다고 말할 수밖에 없을 것 같군요."

그런 다음, 장애를 가진 아들이 있는 여자 분에게도 자기 인생을 돌아보도록 했다. 테이프에 녹음된 말을 그대로 적는다.

"나는 아이를 갖기 원했고, 소망은 이루어졌습니다. 아들 하나는 죽었고, 또 다른 아들은 장애인입니다. 만약 내가 돌보지 않았다면 아들은 아마 보육 시설로 보내졌을 겁니다. 비록 다리를 못 쓰고, 남의 도움을 필요하지만 그래도 내 아들입니다. 아들을 위해 할 수 있는 만큼 모든 것을 다 해 주었고, 아들이 훌륭한 인간이 되도록 키웠습니다."

이 말을 끝낸 순간 그녀는 울음을 터뜨렸다. 그리고 말을 계속 이어 갔다.

"제 얘기를 하자면, 저는 평온한 마음으로 삶을 돌아볼 수 있습니다. 왜냐하면 제 삶은 의미가 가득한 삶이었으니까요. 그것을 성취하고자 노력했습니다. 저는 최선을 다했습니다. 제 아들에게도 최선을 다했습니다. 제 삶은 절대로 실패한 것이 아닙니다."

죽음의 순간에 과거를 돌아본다고 생각하자 그녀는 갑자기 자기 삶이 갖는 의미, 고통까지 들어 있는 자기 삶의 의미를 볼 수 있게 됐다. 그리고 아주 짧은 삶, 그녀의 죽은 아들처럼 아주 짧은 삶이라도 80년의 긴 삶보다 더 풍요로울 수 있다는 것도 분명해졌다. 깊은 의미의 사랑과 기쁨이 있었다면 말이다.

잠시 뒤, 나는 다른 질문을 했다. 이번에는 내가 직접 이야기했다. 소아마비 혈청 연구에 사용되는 시험용 원숭이는 끊임없이 주삿바늘에 찔리고 또 찔리는 고통을 겪는다. 원숭이는 과연 자기가 겪는 고통의 의미를 알 수 있을까? 모임에 있는 사람들 모두 아니라고 대답했다. 원숭이의 지능으로 볼 때, 원숭이는 고통의 의미를 이해할 수 있는 인간 세계로는 들어올 수 없다는 것이었다.

그 말을 듣고 나는 이렇게 물었다.

"그렇다면 인간은 어떻습니까? 여러분은 인간이 우주 안의 진화 과정에서 그 종착역이라고 생각하십니까? 인간 세계를 넘어선 또 다른 세계가 있을 수 있다는 생각은 안 해 보셨나요? 인간이 겪는 시련의 의미에 해답을 찾을 수 있는, 그런 또 다른 차원의 세계 말입니다."

초의미

이 궁극의 의미는 인간이 가진 지적인 능력으로는 알기 어려울 수도 있다. 로고테라피에서는 이것을 초의미라고 부른다. 인간에게 필요한 것은 실존 철학자들의 가르침처럼 삶이 무의미하다는 것을 참고 견디는 것이 아니라, 그것의 절대적 의미를 터득하지 못하는 인간의 무능함을 인정하는 것이다. 로고스는 논리보다 더 심오하다.

정신 의학자가 초의미 개념을 잘 알지 못하면 환자의 질문에 당황하게 될 지도 모른다. 내가 여섯 살짜리 딸에게 이런 질문을 받았을 때처럼 말이다.

"아빠, 왜 우리는 '선하신' 하나님이라고 해요?"

딸아이의 질문에 나는 이렇게 대답했다.

"얘야, 몇 주 전에 네가 홍역에 걸려 고생했지. 그때 '선하신' 하나님께서 너를 낫게 해 주셨잖니?"

아이에게 대답이 맘에 들지 않았던 모양인지 다시 말했다.

"하지만 아빠, 생각해 보세요. 처음에 홍역에 걸리게 한 것도 바로 하나님이에요."

환자가 종교에 깊은 신앙심을 갖고 있다면, 그 종교적 신념을 가지고 치료 효과를 높일 수 있다. 그렇게 그 사람의 영적인 무언가를 이끌어 내는 것을 반대하지 않는다. 하지만 그러려면 정신 의학자는 환자 입장에 서야 한다.

동유럽에서 태어난 랍비 한 사람이 나를 찾아와 자기 얘기를 들려주었을 때, 나도 바로 이렇게 대했다. 랍비의 첫 번째 아내와 아이 여섯 명은 아우슈비츠 강제 수용소에서 가스실로 보내졌다. 그 뒤 두 번째 아내를 얻었는데, 아이를 낳지 못했다. 나는 아이를 낳는 것이 삶의 유일한 의미는 아니라고 했다. 그것이 유일한 의미라면 삶 그 자체가 의미 없는 것이 되고, 그 의미 없음이 영원히 이어진다는 게 역시 의미를 갖지 못하기 때문이다.

하지만 그 랍비는 정통 유대교도였다. 자기가 죽고 나서 카디시*를 올려 줄 자식이 없다는 데 절망스러워했고, 그렇게 자기 고통을 정해 버렸다.

나는 포기하지 않았다. 마지막으로 그를 도와주려고 죽은 다음에 하늘나라에서 아이들을 다시 보고 싶지 않느냐고 물었다. 그 말을 듣자마자 그가 울음을 터뜨렸다. 그가 절망했던 진짜 이유를 알게 되었다. 아직 순수한 아이들은 죄 없이 순교했기 때문에(신의 이름

---

* **카디시** 죽은 사람을 위해 올리는 기도

171

으로 신성하게 되었기 때문에) 아마 하늘나라에서 가장 높은 자리에 있을 텐데, 자기는 늙고 죄도 커서 아이들이 있는 곳에는 못 갈 거 같다는 거였다.

나는 포기하지 않고 다시 말했다.

"랍비님, 이게 바로 당신 생존의 의미라는 것을 모르시겠어요? 시련을 겪으면서 당신의 영혼은 깨끗해졌습니다. 비록 아이들만큼은 깨끗하지 않더라도 하늘나라에서 아이들과 같은 곳에 있게 될 정도는 되지 않았을까요? '너희가 흘린 눈물을 내가 다 알고 있노라'라고 〈시편〉*에도 쓰여 있지 않습니까? 당신이 겪은 시련이 결코 헛되지 않을 겁니다."

몇 년 만에 그는 처음으로 시각을 새롭게 열고 고통해서 편안해질 수 있었다.

삶의 일회성

인간의 삶에서 의미를 빼앗아 가는 것은 고통만이 아니다. 죽음도 그렇다. 하지만 나는 인생에서 정말 덧없는 것은 잠재 가능성이라고 입이 닳도록 말했다. 가능성은 그게 이루어지는 순간 바로 현실이 된다. 그리고 곧 과거로 옮겨 간다. 과거로 들어가게 되면 한 번으로 끝나지 않고 영원한 실체로 남는다. 그런 의미로 어떤 과거에서 되살릴 수 없이 완전히 잃는다는 건 없다. 모든 것들은 그대로 남게 된다.

그러니 삶이 일회적이라고 해서 의미 없다고 말할 수는 없을 것이다. 한 번뿐인 삶이 우리 책임 안에 있는 건 확실하다. 본질적으로 일회적인 잠재 가능성을 우리가 어떻게 이루느냐에 따라 모든 게 결정되기 때문이다. 사람은 수많은 지금의 가능성 중에서 끊임없이 어떤 선택을 해야 한다. 어떤 것을 그저 넘기고, 어떤 것을 이룰까? 어떤 선택이 단 한 번의 실현을 '시간의 모래 위에 사라지지 않는 발자국'으로 만들까? 인간은 좋든 싫든 언제나 자기 존재의 기념비가 될 만한 결정을 내려야 한다.

인간은 대개 풀을 다 베고 난 밭처럼 일회성만 보고, 행동과 기쁨, 심지어 고통까지 겪은 과거라는 곡식 창고는 그냥 지나치곤 한다. 과거에 모든 것이 이미 이루어져 있으며, 그 어느 것도 사라질 수 없다. 과거에 '그랬다'라는 것처럼 확실하게 살아남는 것도 없을 것이다.

인간 존재가 원래 일회적이라는 걸 생각한다면 로고테라피는 염세적[**]인 것이 아니라 오히려 적극적인 것이다. 비유를 들어 설명해 보자. 염세주의자는 매일같이 벽걸이 달력을 찢어 내면서 날이 갈수록 달력이 얇아지는 것을 두려워하고 슬퍼하는 사람과 비슷하다. 그러나 삶의 문제를 적극적으로 대하는 사람은 떼어 낸 달력 뒷장에 중요한 그날의 일을 적어 놓고, 순서대로 차곡차곡 쌓는다. 거기에 적힌

---

[*] **시편** 구약 성경의 한 편. 여기서는 〈시편〉 56장 8절 '내 마음이 몇 번이나 흔들렸는지 주께서 다 아시니 내 눈물을 주의 병에 담으소서. 이것이 주의 책에 기록되지 아니 하였나이까.' 부분을 말한다.
[**] **염세적** 세상을 싫어하고 모든 일을 어둡게 보는 것

풍부한 내용, 충실하게 살아온 삶의 기록에 자부심을 느끼며 즐겁게 되돌아볼 수 있다. 자신이 늙었음을 깨달았을 때 그것은 어떤 의미를 지니게 될까? 젊은이들을 부러워하거나 사라진 자신의 청춘을 그리워할 이유가 있을까? 무엇 때문에 젊은이를 부러워하겠는가? 젊은이에게 있는 잠재 가능성 때문에? 그 사람의 미래 때문에? 천만의 말씀이다. 그는 이렇게 생각할 것이다.

'앞으로의 가능성 대신에 나는 과거에서 갖게 된 무언가가 있어. 내가 했던 일, 내가 했던 사랑, 용감하게 견뎌 낸 시련까지도 말이야. 이 고통이 내가 가장 자랑스럽게 생각하는 것이지. 남들이 부러워하지는 않더라도 말이야.'

자유와 책임

어떤 조건에서든지 인간은 자기의 태도를 정할 수 있다. 이 능력을 무시하는 인간관은 위험하다. 인간은 조건에 따라 결정되는 것이 아니라 상황에 무릎 꿇든지 맞서 싸우든지 둘 중 스스로 판단할 수 있는 존재이다. 인간은 그저 존재하는 것이 아니라 앞으로 어떻게 존재할지, 다음에 어떤 일을 할지 항상 판단을 내리며 산다.

이어서 이야기하자면 인간은 어느 순간에도 바뀔 수 있는 자유를 가지고 있다. 우리가 미리 짐작할 수 있는 것은 큰 인간 집단의 행동을 통계적으로 분석해서 얻는 사실뿐이다. 각 개인의 특성은 근본적으로 예측할 수 없다. 어떤 예측이라도 그 기본에 그 사람만이 가진 생물적, 심리적, 사회적 조건이 들어간다.

하지만 인간의 한 특징이라면 인간에게는 그 조건을 이기고 넘어설 수 있는 능력이 있다는 것이다. 인간은 가능한 한 세계를 더 나은 쪽으로 바꿀 수 있고, 필요하다면 자기 자신을 더 좋게 변화시킬 수 있다.

여기서 J 박사의 얘기를 해 보겠다. 자신 있게 말하는데, 그는 내가 일생 동안 만난 사람 중에서 유일하게 감히 악마라 부를 수 있는 사람이었다. 그는 '스타인호프(빈에 있는 큰 정신 병원)의 살인자'라고 불렸다. 나치가 안락사 프로그램을 시작했을 때, 그는 모든 권한을 손에 쥐었다. 그는 자기 일에 완전히 빠져서 단 한 명의 정신병자도 가스실에서 도망가지 못하게 했다.

전쟁이 끝나고 빈에 있는 병원으로 돌아왔을 때, 나는 J 박사가 어떻게 됐는지 물어보았다.

"러시아 군인에게 잡혀서 스타인호프의 독방에 갇혔습니다."

사람들이 말했다.

"그런데 그다음 날 보니 감방 문이 열려 있었어요. 뒤로는 아무도 J 박사를 보지 못했습니다."

나중에야 그가 다른 사람들처럼 동료들의 도움을 받아 남아메리카로 노망갔을 갔을 거라는 생각이 들었다.

그런데 얼마 전, 오랫동안 철의 장막*에서 옥살이를 했던 전직 오

175

스트리아 외교관 한 사람을 상담하게 됐다. 처음에 그는 시베리아에 있는 감옥에 있었고, 그 뒤 악명 높기로 유명했던 소련 모스크바의 루비앙카 감옥에 있었다고 했다. 심리 검사를 하고 있는데, 그가 불쑥 J 박사를 아느냐고 물었다. 내가 안다고 하자 그가 말을 이었다.

"루비앙카 감옥에서 그를 알게 됐습니다. 거기서 방광암으로 마흔 살쯤 죽었지요. 죽기 전 그는 선생님이 상상할 수 없을 정도로 좋은 사람이었습니다. 모든 사람에게 위안을 주었지요. 인간으로 가장 높은 도덕적 수준에 올라 생을 끝냈습니다. 감옥에 그렇게 오래 있으면서 사귄 사람 가운데 가장 좋은 친구였지요."

'스타인호프의 살인자' J 박사의 이야기이다. 그러니 우리가 어떻게 감히 인간의 미래를 예측할 수 있을까? 기계나 자동 장치의 움직임은 예측할 수 있다. 나아가 인간 정신^{**}의 작동 원리나 역동성을 예측해 볼 수도 있다. 하지만 인간은 정신을 넘어선 존재이다.

그렇다고 자유가 결론은 아니다. 자유는 이야기의 한 부분이고, 절반의 진실일 뿐이다. 자유는 책임이라는 적극적인 면의 일부분인 소극적인 면이다. 책임이 따르지 않는 자유는 방종이 될 위험이 있다. 내가 미국 동부 해안에 있는 자유의 여신상에 보완이 되도록 서부 해안에는 책임의 여신상을 세워야 한다고 말하는 이유가 바로 이

것이다.

정신 의학도의 신조

인간에게 자유가 주어지지 않는 상황은 있을 수 없다. 신경증 환자나 노이로제 환자에게도 얼마간의 자유가 있다. 정신병도 환자 인격의 가장 깊은 곳까지 들어가지는 못하는 것이다.

도저히 고칠 수 없는 정신병을 앓는 사람도, 사회적으로 쓸모가 없어 보이는 사람도 인간으로서 존엄성이 있다. 그런 믿음이 없었다면 나는 정신과 의사가 되는 것이 가치 있다고 생각하지 않았을 것이다. 도대체 누구를 위해 정신과 의사가 됐단 말인가? 다시 고칠 수 없을 정도로 손상된 뇌라는 기계를 고치기 위해서? 만약 환자가 그 이상의 존재가 아니라면 안락사도 정당화될 수 있을 것이다.

다시 인간다워지는 정신 의학

아주 오랜 기간 — 정말로 반세기 동안 — 정신 의학에서는 인간의 마음을 그저 수단으로 보았다. 그래서 정신 질환 치료도 기술처럼 여겼다. 나는 이제 이런 식의 꿈은 충분히 꿨다고 생각한다. 이제야 수평선 니머로 어렴풋이 나타나기 시작한 것은 심리학의 얼굴을 한 의술이 아니라 인간의 얼굴을 한 정신 의학이다.

어떤 의사가 아직 자신을 어떤 기술을 가진 사람으로만 생각한다면, 그는 환자를 병을 넘어 한 인간으로 보는 것이 아니라 기계로 보고 있다는 사실을 알아야 한다.

인간은 여러 사물 속에 섞여 있는 또 다른 사물이 아니다. 사물들은 각자가 서로를 정하는 관계에 있지만, 인간은 궁극적으로 자기가 자신을 정한다. 타고난 자질과 환경이라는 조건 안에서 어떤 사람이 될 것인가 하는 것은 오로지 그 사람에게 달려 있다.

나는 살아 있는 인간 실험실이자 시험장이었던 강제 수용소에서 어떤 사람들은 성인처럼 행동하고, 또 다른 사람들은 돼지처럼 행동하는 것을 보았다. 사람은 내면에 두 가지 잠재력을 모두 가지고 있는데, 그중 어떤 것을 선택하느냐는 문제는 완전히 자기 의지이다.

우리 세대는 실체를 경험했다. 인간이 정말로 어떤 존재인지 알게 되었으니 말이다. 인간은 아우슈비츠의 가스실을 만든 존재이다. 반대로 의연하게 가스실로 들어가면서 입으로 주기도문이나 셰마 이스라엘을 외울 수 있는 존재이기도 하다.

2006년 1월 27일은 150만 명이 죽은 아우슈비츠 강제 수용소가 해방된 지 61년이 되는 날이었다. 전 세계 국가들이 이날을 첫 국제 홀로코스트 희생자 추모의 날로 정했다. 몇 달 뒤, 그 참혹한 시간에서 탄생한 한 불멸의 작품의 생일이 돌아왔다. 1946년에 독일어로 출간된 《심리학자, 강제 수용소를 경험하다 A Psychologist Experiences the Concentration Camp》이다. 나중에 이 책은《그 모든 것에도 불구하고 삶에 '네'라고 대답하는 것 Say Yes to Life in Spite of Everything》으로 바뀌어 출간되었다. 뒤이은 개정판에는 '로고테라피'에 대한 소개와 '비극 속에서의 낙관'이 추가되었다. 이 마지막 장은 고통, 죄, 죽음 앞에서 어떻게 낙관적인 마음을 가질지를 말하고 있다. 이 책의 영어판은 1959년《빅터 프랭클의 죽음의 수용소에서Man's Search for Meaning》로 출간되었다.

빅터 프랭클 박사의 책은 이제까지 50개의 언어로 1,600만 부가 팔렸다. 1991년 미국 의회도서관이 독자들에게 '당신의 삶에 변화를 가져온 책'이 무엇인지 물었을 때《빅터 프랭클의 죽음의 수용소에서》는 미국에서 가장 영향력 있는 10개 책 중 하나로 뽑혔다. 이 책은 종교와 철학 분야의 사상가, 정신 의학 전문가, 교사, 학생뿐 아

니라 다양한 직업을 가진 일반 독자들에게 두루 영향을 주었다. 대학, 대학원, 고등학교 학생들에게 꾸준히 추천되고 있으며, 심리학, 철학, 역사, 문학, 홀로코스트 연구, 종교, 신학 분야에서도 꼭 읽어야 할 책이다. 이 책의 두루 미치는 영향력과 이어지는 가치는 무엇 때문일까?

빅터 프랭클 박사는 1905년에 태어나 1997년에 돌아가셨는데, 그의 삶이 거의 20세기 전체에 걸쳐 있다. 세 살 때 그는 이미 의사가 되겠다고 다짐했다. 그는 자서전에서 청소년기부터 '몇 분 동안 삶의 의미를 생각해 보곤 했다. 특히 앞으로 펼쳐질 날들과 그것이 내게 갖는 의미를 깊이 생각했다'고 말했다.

프랭클은 십대 청소년 시기부터 철학, 실험심리학, 정신분석학에 이끌렸다. 고등학교 수업에 더해 성인 교육 강의를 들었고, 지그문트 프로이트와도 편지를 주고받았다. 프로이트는 고등학생인 프랭클이 쓴 논문을 국제정신분석학술지에 보냈고, 그 논문이 뽑혀 나중에 발표되었다. 같은 해, 열여섯 살 프랭클은 철학 성인 교육 워크숍에 참가했다. 조숙한 지적 능력을 알아본 강사는 삶의 의미에 대한 강연을 맡겼다. 프랭클은 사람들에게 '삶이 우리에게 질문을 하고, 거기에 답해야 하는 것은 바로 우리 자신입니다. 오직 자기 존재를 책임짐으로써 이 질문에 답할 수 있습니다'라고 했다. 이 믿음은 그 자신의 인생과 전문가로서 정체성의 주춧돌이 되었다.

프로이트의 영향으로 프랭클은 고등학생 때부터 정신과 의사가 되기로 결심했다. 프랭클의 친구는 프랭클에게 다른 사람을 돕는 능력이 있는 거 같다고 말했다. 그러자 그는 자신이 심리적 문제를 판단하는 일뿐 아니라 어떤 사람에게 무엇이 동기를 주는지 발견하는 재능이 있음을 깨달았다.

프랭클의 첫 직업은 혼자 상담소를 운영하는 일이었다. 오스트리아 빈에서 최초로 청소년을 위한 상담 프로그램을 시작했고, 힘들어하는 청소년을 도왔다. 1930년부터 1937년까지는 빈의 한 대학 병원에서 정신과 의사로 일하며 자살할 위험이 있는 환자들을 돌보았다. 그는 환자들이 자신의 삶을 의미 있게 만드는 방법을 찾도록 도왔다. 우울증이나 정신 질환을 겪는 환자들도 이렇게 도왔다. 1939년에는 빈에서 유일한 유태인 병원이었던 로스차일드 병원 신경의학과 과장이 되었다.

전쟁 초기에는 로스차일드 병원에서의 직책이 그와 가족들이 강제로 이송될 위험에서 어느 정도 보호해 주었다. 그러나 국가사회주의 정부가 병원을 닫게 하자 프랭클 박사는 강제 수용소로 갈 위험이 커졌다는 것을 알았다. 1942년 빈 주재 미국대사관에서 프랭클 박사에게 미국 이민 비자를 받을 수 있다고 알려 왔다. 오스트리아에서 탈출하면 그는 로고테라피에 대한 책을 완성할 수 있었지만 그는 비자를 받지 않았다. 나이 든 부모님 곁에 남아야 한다고 느꼈기 때문이다. 1942년 9월 프랭클 박사와 가족들은 체포되어 강제 이송당했다. 그 뒤 프랭클 박사는 강제 수용소 네 곳(테레지엔슈타트*, 아우슈비츠-비르케나우, 카우페링**, 다하우 수용소의 일부인 투르크하임***)에서 3년을 보냈다.

  프랭클 박사가 강제 수용소를 경험한 것이 《빅터 프랭클의 죽음의 수용소에서》를 쓰게 된 유일한 원동력은 아니라는 점을 말해 둔다. 강제 이송 전부터 그는 의미 추구가 인간의 성장과 정신 건강의 열쇠라고 주장했다. 그는 수감자 신세가 되면서 자신의 삶이 여전히 의미

---

*   **테레지엔슈타트**Theresienstadt 체코에 있는 강제 수용소
** **카우페링**Kaufering 독일 다하우 수용소의 보조 수용소. 프랭클 박사는 1944년 이곳에 갇혔다.
*** **투르크하임**Türkheim 독일 다하우 수용소의 보조 수용소. 1945년 미국 군인들이 이 수용소를 해방시킬 때까지 프랭클 박사가 이곳에 갇혀 있었다.

가 있는지를 다시 한번 헤아려야 했다. 살려는 의지, 자기 보호 본능, 인간다움에서 나오는 관대한 행동, 총명함이 합쳐져 그는 살아남았다. 물론 그가 어디에 갇힐지, 감시병이 어떨지, 어느 줄에 설지, 누구를 믿을지 등은 순전히 운이었다. 그러나 수용소에서의 궁핍함과 모멸감을 극복하려면 그 이상이 필요했다.

프랭클 박사는 타고난 낙관주의, 유머, 심리적 거리감, 잠깐의 고독, 내적 자유, 자살하지 않겠다는 강철 같은 의지 등 자신이 가진 고유한 인간적 능력을 끊임없이 끌어냈다. 미래를 위해 살아남아야 한다는 것을 깨닫고, 사랑하는 아내 생각과 로고테라피 책을 완성하겠다는 깊은 욕구에서 힘을 얻었다. 자연과 예술에서 언뜻 보이는 아름다움에서도 의미를 찾았다. 가장 중요한 것은, 무슨 일이 닥치더라도 그 괴로움에 어떻게 대응하느냐를 선택할 자유가 자신에게 있다는 사실을 알았다는 것이다. 이것은 단순히 '선택할 수도 있다'가 아니라, 자신과 함께 모든 인간이 '인생의 짐을 감당하는 방법'을 선택할 책임이 있다고 생각했다.

프랭클 박사의 생각은 우리에게 영감을 준다. 죽음을 앞두거나 사지가 마비된 환자가 자신의 운명과 어떻게 타협하는지 그의 설명을 들을 때 그렇다. 때로는 우리를 자극하기도 한다. 사람은 '가치 있는

목표, 스스로 선택한 과제를 위해 노력하고 애쓸 때' 의미를 찾는다
는 주장을 들을 때는 말이다. 그는 불행한 외교관이 실존적 좌절을
겪은 다음 어떻게 새롭고 만족스러운 커리어를 찾았는지 보여 준다.
그러나 '어떤 사람의 현재 상태와 그가 되어야 하는 상태 사이의 간
격'에 주의를 기울이라고 하고, '사람은 자기 인생의 잠재적 의미에
책임이 있고 그것을 실현해야 한다'와 같이 도덕적인 조언도 한다.

 '미국 동부에 있는 자유의 여신상을 보완하려면 서부에 책임의 여
신상을 세워야 한다.'고 말하기도 했다. 개인적 의미를 실현하기 위
해서는 '자기가 아닌 어떤 것이나 사람을 향하고 바라보아야 하며…
헌신할 수 있는 크고 위대한 도리나 사랑하는 사람에게 자신을 던져
서' 주관적 기쁨을 뛰어넘어야 한다고 말한다. 프랭클 박사 자신도
미국으로 가는 안전한 길 대신 빈에서 부모님 곁에 남는 것을 선택했
다. 아버지와 같은 수용소에 있으면서 모르핀을 구해 아버지의 통증
을 덜어 주었고, 돌아가실 때까지 아버지 곁을 지켰다.

 상실과 슬픔을 마주했을 때조차도 프랭크 박사는 낙관주의로 삶
을 계속 긍정하고 충만하게 이어갔다. 그러며 희망과 긍정적 에너지
가 도전을 승리로 바꿀 수 있나고 주장했다. 《빅터 프랭클의 죽음의
수용소에서》에서 그는 의미를 찾기 위해 고통이 꼭 필요한 건 아니

라고 말한다. '고통에도 불구하고 의미가 가능하다'는 것이라고 다시 설명한다. 또 '피할 수 있는 고통을 받는 것은 영웅스러운 것이 아니라 자기를 괴롭히는 것이다'라고도 말했다.

　나는 이 책을 1960년대 중반 철학 교수로 지낼 때 처음 읽었다. 자신도 강제 수용소 수감자였던 노르웨이 철학자에게 소개 받은 책이었다. 그는 내적 자유를 키우고, 자연·예술·문학에서 아름다움의 가치를 찾고, 가족과 친구와 사랑하는 것이 얼마나 중요한지에 대한 프랭클 박사의 생각에 아주 공감한다고 했다. 물론 다른 개인적인 선택이나 활동, 관계, 취미, 심지어 단순한 기쁨도 삶에 의미를 줄 수 있다. 그렇다면 왜 어떤 사람들은 그토록 허무를 느낄까? 여기서 프랭클 박사의 지혜를 다시 한번 강조할 만하다. 그것은 삶의 크고 작은 도전과 기회를 대하는 한 사람의 태도 문제다. 긍정적 태도는 고난과 실망을 견디게 하고, 기쁨과 만족을 높인다. 부정적 태도는 고통과 실망을 더 크게 만든다. 기쁨, 행복, 만족을 느끼지 못하게 되고, 이것은 몸의 병과 우울증을 가져올 수도 있다.

　내 친구이자 옛 동료인 노만 커즌즈는 건강을 지키는데 긍정적 마음과 가치가 정말 중요하다고 말한다. 또 부정적 마음은 건강을 위험하게 만든다고 경고한다. 어떤 비평가들은 커즌즈의 생각이 너무 단순하다고 했지만, 그 뒤 발표된 심리신경면역학의 연구를 보면 긍정적 마음, 기대, 태도가 몸의 면역 체계를 강하게 만든다고 밝히고 있다. 이 연구들은 목숨을 위협하는 도전부터 일상에 이르기까지 모든 것을 바라보는 방식이 우리가 삶의 의미를 빚는 데 도움을 준다는 프랭클 박사의 믿음을 뒷받침한다. 박사가 그렇게 알리려고 애쓴 것들이 누구든지 그것을 따르는 사람들에게는 엄청난 의미를 주었다.

인간의 선택은 수동적이지 않고 능동적이어야 한다. 개인이 선택을 할 수 있기 때문에 우리는 자율성을 갖는다. 프랭클 박사는 이렇게 썼다.

'인간은 여러 사물 중 하나가 아니다. 사물들은 서로가 서로를 정한다. 그러나 인간은 궁극적으로 자기가 자기를 정한다. 자기가 가진 자질과 환경 안에서 그 사람이 무엇이 될지는 스스로 만들어 가는 것이다.'

예를 들어 보겠다. 제4차 중동 전쟁*에서 양쪽 다리를 잃은 젊은 이스라엘 군인이 절망의 암흑에서 어쩔 줄 모르고 우울증에 빠져 자

---

* **제4차 중동 전쟁** 1973년 10월 유대교 명절인 욤 키푸르(Yom Kippur)에 시리아와 이집트 군대가 이스라엘을 공격해 시작된 전쟁

살을 생각하고 있었다. 그런데 어느 날 친구가 그의 인생관이 아주 희망적이고 평온하게 바뀐 것을 보았다. 이 군인 환자는 《빅터 프랭클의 죽음의 수용소에서》를 읽고 자기가 변했다고 말했다. 이 얘기를 들은 프랭클 박사는 '자기 독서 치료법이라는 게 있을 수도 있다. 독서를 통한 치유'라는 생각을 했다고 한다.

이것은 왜 《빅터 프랭클의 죽음의 수용소에서》가 그렇게 많은 독자에게 그렇게 큰 영향을 주었는지 그 이유를 살짝 알려 준다. 실존적 도전이나 위기를 마주한 사람들은 보통 가족, 친구, 치료사, 종교지도자에게 조언을 얻는다. 그러나 도움이 될 때도 있지만 그렇지 않을 때도 있다. 어려운 선택을 해야 하는 사람들은 그들이 내릴 결정이나 할 행동에 자신의 태도가 얼마나 중요한지 충분히 알지 못할 수있다. 프랭클은 이러한 인생의 딜레마에서 해답을 찾는 독자들에게 중요한 권리를 준다. 사람들에게 무엇을 하라고는 하지 않지만, 왜해야 하는지를 말해 주는 것이다.

프랭클 박사는 발진 티푸스로 거의 죽을 뻔했던 투르크하임 강제 수용소에서 1945년 풀려났다. 그리고 자신이 완전히 혼자가 되었다는 사실을 알았다. 1945년 8월 빈으로 돌아온 첫날, 임신한 아내 틸리가 병 아니면 굶주림으로 베르겐-벨젠* 강제 수용소에서 죽었다는걸 알았다. 부모님과 남동생도 모두 수용소에서 죽었다. 상실감과 피할 수 없는 암울함을 이겨 내며 그는 빈에서 정신과 의사로서의 일을 다시 시작했다. 많은 사람, 특히 유대인 정신 분석가와 정신과 의사들이 다른 나라로 이민을 떠난 것을 생각하면 의외의 선택이었다. 이 결정에는 몇 가지 이유가 있었을 것이다. 프랭클 박사는 빈에서 강한 연대감을 느꼈고, 특히 전쟁이 끝난 뒤 정신 질환 환자들이 그의 도움을 필요로 했다. 그는 복수보다 화해를 굳게 믿었다. 그는 '내게 잘해 준 행동은 잊지 않고, 못 해 준 일에는 불만을 품지 않는다'고 말한 적이 있다. 특히 집합적 유죄**를 인정하지 않은 점이 눈에 띈다. 프랭클 박사는 빈에 있던 동료와 이웃들이 그의 가족이 괴롭힘당하는 것을 알았고 심지어 스스로 괴롭히기도 했다는 사실을 그냥 받아들였다. 그들이 레지스탕스***가 되지 않았다거나 영웅적으로 죽지 않았다고 비난하지 않았다. 오히려 절대 용서할 수 없는 나

---

*   **베르겐–벨젠**Bergen-Belsen 독일 북부에 있던 강제 수용소. 음식이 부족하고 위생이 나빴다고 한다. 프랭클 박사의 첫 부인, 틸리가 1944년 여기서 죽었다.
** **집합적 유죄** 특정 집단, 조직, 사회에 속했기 때문에 그 집단의 다른 사람들이 저지른 일을 같이 책임져야 한다는 생각. 예를 들어, 제2차 세계 대전에서의 홀로코스트와 잔혹 행위를 모른 척한 독일 국민들도 비난할 수 있는지 논의할 때 사용된다.
*** **레지스탕스** 나치에게 저항한 사람들과 단체

치 전범이나 가망 없어 보이는 미친 사람도 사악함과 광기를 뛰어넘어 책임 있는 선택을 할 잠재력이 있다는 생각에 깊이 몰두했다. 그는 온몸을 다해 열정적으로 일했다. 강제 수용소로 처음 이송되었을 때 빼앗겼던 원고를 1946년에 다시 쓰고 고쳤고(《의사와 영혼 The Doctor and the Soul》), 같은 해에 《빅터 프랭클의 죽음의 수용소에서》를 단 9일 만에 완성했다. 그는 개인적 고립, 많은 사람이 느끼는 '내적 허무', '내면의 공허'라는 문화적인 병이 이 글을 통해 치료되기를 바랐다. 어쩌면 이렇게 바쁘게 일하면서 프랭클 박사 자신도 삶의 의미를 다시 찾는 데 도움을 받았는지도 모른다.

2년 뒤, 프랭클 박사는 일리노어 슈빈츠와 결혼했다. 그녀도 첫 번째 아내처럼 간호사였다. 유대교인이었던 틸리와 달리 일리노어는 가톨릭 신자였다. 우연일 수도 있지만, 여기서 종교적 믿음이나 일반적 관습에 상관없이 사람을 수용했던 그의 모습이 드러난다. 프로이트와 아들러의 철학 이론과 심리 이론에 동의하지 않으면서도 그들을 존경하는 모습은 개인이 가진 유일성과 존엄성을 향한 프랭클 박사의 깊은 헌신을 분명히 보여 준다. 또 나치당과 함께했던 마틴 하이데거, 집합적 유죄를 지지했던 카를 야스퍼, 가톨릭 철학자이자 작가인 가브리엘 마르셀처럼 자기와 생각이 전혀 다른 철학자들과도 개인적으로 친하게 지내며 소중하게 여겼다. 정신과 의사로서 그는 개인적인 종교 신념을 밝히지 않았다. 그는 '정신과 의사의 목표는 영혼의 치유고, 영혼의 구원은 종교에 맡긴다'고 말하곤 했다.

그는 25년 동안 빈 종합 병원 신경의학과 과장으로 일했고, 전문가와 일반 사람들을 위해 30권이 넘는 책을 썼다. 유럽, 미국, 오스트레일리아, 아시아, 아프리카까지 건너가서 강연했고, 하버드, 스탠포드, 피츠버그대학의 교수를 지냈다. 미국 샌디에고국제대학에서는 로고테라피 석좌 교수직을 맡았다. 프랭클 박사는 정치가들, 교황 바오로 6세와 같은 세계적 지도자들, 철학자, 학생, 교사, 그의 책을 읽고 감명을 받은 수많은 사람들을 만났다. 90대 나이가 되어서도 그는 전 세계에서 찾아오는 사람들과 대화를 나누었으며, 매주 몰려오는 수백 통의 편지 중 몇몇에는 직접 답장을 썼다. 29개 대학에서 명예 학위를 받았으며, 미국 정신의학회는 그의 공로를 기리기 위해 오스카 피스터 상을 수여했다.

프랭클 박사는 로고테라피를 정신과학 기법으로 자리 잡게 했다. 이 기술은 환자들이 겪는 정서적 갈등을 해결하도록 돕는 실존적 분석이다. 그는 치료자가 환자의 과거나 현재의 문제 너머를 보아야 한다고 했다. 환자들이 개인적 선택을 하고 스스로 책임져서 생산적인 미래를 선택할 수 있게 돕기 위해서다. 그 뒤 몇 세대에 걸친 정신 의학 치료자들이 박사의 인본주의 통찰에 영감을 얻었다. 그가 열심 히 책을 쓰고, 격려가 가득한 강연을 하고, 매력적인 인품을 보여 준 결과다. 그는 사람들이 실존적 분석을 하나의 신조로만 생각하지 않 고, 창의적으로 사용하기 바랐다. 또 추상적인 이론에서 미루어 생 각하지 않고, 치료자들이 환자마다 구체적인 욕구에 초점을 맞추어 야 한다고 주장했다.

바쁘게 살아가면서도 프랭클 박사는 비행기 조종을 배웠다. 그리 고 평생 열정적으로 산을 올랐다. 프로이트와 아들러가 개인의 과거 와 무의식적 본능을 파고들어 '심층 심리학'을 펼쳤다면 자신은 사람 의 미래, 의식적 행동과 결정에 초점을 맞추는 '고도 심리학'을 한다 고 농담을 하기도 했다. 그가 심리 치료에 다가가는 방식은 사람들이 자기 초월로 개인적 의미를 새롭게 발견하도록 돕는 것이었다. 긍정 적 노력, 기술, 자기 한계를 받아들이고, 현명하게 의사 결정을 함으 로써 그럴 수 있게 만들었다. 그는 사람들이 자기 목표를 성취하기 위해 선택하는 능력을 발휘할 수 있고, 또 발휘해야 함을 스스로 깨 닫게 하려고 노력했다. '비극 속에서의 낙관'을 쓰면서도 '지금 세상이 나쁜 상태이지만, 우리 모두 최선을 다하지 않는다면 모든 것이 더 나빠질 것이다'고 경고하기도 했다.

프랭클 박사가 자신의 인생을 한 문장으로 말해 달라는 요청을 받은 적이 있었다. 그는 종이에 답을 쓰고는 학생들에게 자기가 뭐라 썼을지 알아맞혀 보라고 했다. 침묵이 잠시 흐르고 한 학생이 대답했다. "박사님 삶의 의미는, 다른 사람들이 자기 삶의 의미를 찾게 돕는 것이에요." 박사는 놀랐다.

"바로 그거였어요. 내가 쓴 말 그대로예요." 프랭클 박사가 이렇게 말했다.

윌리엄 윈슬레이드
미국 텍사스대학 의과대학과 휴스턴대학 법과대학에서
정신의학, 의료윤리, 법학을 가르치는 철학자, 변호사, 정신 분석가

빌헬름 뵈르너 부부에게 보낸 편지

1945년 9월 14일

안녕하세요!

제가 빈으로 돌아온 지 4주가 되었어요. 이제야 선배님* 께 편지를 쓸 기회가 왔네요. 그런데 슬픈 소식만 전하게 되었습니다. 뮌헨을 떠나기 바로 전에 알게 된 사실이 있어요. 제가 떠난 뒤 1주일 뒤에 어머니가 아우슈비츠로 갔다고요. 그게 무슨 뜻인지 잘 아실 거예요. 빈에 도착해서는 아내가 죽었다는 걸 알게 되었어요. 아내는 아우슈비츠에 있다가 트라흐텐베르그에 있는 브레슬라우로 갔대요. 참호에서 일하다가 나중에 그 악명 높은 베르겐-벨젠 강제 수용소로 갔다고 합니다. 그곳에서 '끔찍함을 이루 다 말할 수 없는 고생'을 했다고 틸리** 의 전 직장 동료 한 명이 편지에 썼더군요. 편지에 있는 발진 티푸스 사망자 명단에 틸리의 이름이 있었어요. 편지는 베르겐-벨젠에서 유일하게 살아남은 간호사였던 그녀의 동료가 보내 주었어요. 베르겐-벨젠에서 살아남은 다른 사람 한 명이 '이루 다 말할 수 없는'이 어떤 것인지 얘기해 주었습니다. 도저히 그것을 여기에 옮길 수가 없네요.

이제 나는 완전히 혼자입니다. 같은 운명을 겪어 보지 않은 사람은 이해하지 못할 거예요. 끔찍하게 지쳤고, 끔찍하게 슬프며, 끔찍하게 외롭습니다. 나에게는 희망도 없고 두려울 것도 없어요. 삶에 즐거움이 없고, 의무만 있을 뿐이죠. 양심 때문에 죽을 수 없어 살고 있어요. 그래서 기운을 차리고, 책을 내고, 나 자신을 회복하려고 원고를 다시 쓰고 있습니다. 너무나 고맙게도 믿음직한 옛 친구 한두 명이 제 일의 진행을 맡아 주고 있어요. 그러나 어떤 것도 행복하지 않아요. 내 눈에는 모든 것이 허공에 떠 있고, 공허하며 소용없어요. 모든 것에서 멀어진 느낌이랄까요. 아무 말도 들리지 않고 아무 의미도 없어요. 좋은 것들은 돌아오지 않았고(참, 가장 친한 제 친구는 참수당했답니다), 나만 홀로 남겨졌지요. 강제 수용소에 있을 때는 그게 인생의 밑바닥이라고 믿었는

※ **빌헬름 뵈르너**Wilhelm Börner(1882~1951) 빅터 프랭클의 평생 친구. 철학자이자 교육자로 오스트리아 빈의 윤리 위원회 위원장을 맡았고. 빈에 세계 최초의 자살 상담 기구를 세웠고, 이것이 프랭클이 청소년 상담 센터를 세우는 데 충분한 원동력이 되었다. 그는 프랭클의 청소년 상담 센터에서 상담사로 자원봉사를 하기도 했다.
※※ **틸리 그로서**Tilly Grosser 프랭클의 첫 번째 아내

데, 막상 돌아와 보니 아무것도 없고 우리를 지켜 주던 것들이 다 무너져 버렸어요. 다시 인간답게 살게 되었지만 더 깊고 끝도 없는 괴로움으로 떨어지는 것 같아요. 할 수 있는 일이라곤 조금 울고, 성경의 시편을 뒤적이는 것밖에 없네요.

선배님이 나를 보고 웃을 수도 있고 화를 낼 수도 있지만, 사실 저는 원래 모습과 조금도 달라지지는 않았어요. 앞에 얘기한 것들을 다 경험하고 있지만, 전에 가졌던 삶에 대한 긍정의 마음도 전혀 줄어들지 않았거든요. 바위같이 단단한 긍정적 인생관이 없었다면, 지난 몇 주 그리고 수용소에서의 시간 동안 제가 어떻게 되었겠어요? 하지만 이제는 더 큰 차원에서 세상을 봐요. 삶은 엄청나게 중요해서 고통이나 심지어 죽음에서도 여전히 의미가 있다는 것을 점점 많이 느끼죠. 제게 유일한 위안은, 내 앞에 놓인 기회를 알아차리게 되었다고 솔직하게 말할 수 있다는 거예요. 저는 그 기회를 현실로 만들고 있어요. 틸리와의 짧은 결혼 생활도 마찬가지예요. 이미 살아온 그 시간의 우리 경험은 지울 수 없어요. 이 '살아온'이 아마도 존재의 가장 확실한 모습이라고 생각합니다.

마지막으로 좋은 소식을 전할게요. 밸리 라우퍼가 아직 살아 있어요. 빈에서 불법 유보트*처럼 잘 숨어 있었어요. 스텔라와 제 장인, 처

남인 구스타프 그로서에게 차차 진실을 알리는 일은 선배님께 맡기겠
습니다. 슬프지만 월터도 아우슈비츠에서 죽은 거 같아요. 틸리의 이모
헤르타 바이저도 빈의 마지막 총격전에서 남편을 잃었고요. 유진 호프
만, 엘지 쿱페베르그, 테아 키스만과 연락하고 지내나요? 제가 베르만
을 통해 보냈던 두 번째 편지를 받았나요? 두서없이 적은 걸 이해해 주
세요. 수술 시간 사이에 조금씩 써야 해서요.

따뜻한 마음을 담아,

당신의 빅터로부터

※ **유보트** 제1,2차 세계 대전 때 활약한 독일의 잠수함

바바리아에 있는 투르크하임 강제 수용소의
해방 40년 기념일 행사 연설

1985년 4월 27일

존경하는 내빈 여러분,

먼저 영광스럽게도 저를 초대해 주셔서 감사합니다. 저에게 연설의 자리를 주셨으니 저 또한 피해자들을 대신해서 이야기하겠습니다. 제가 태어난 도시는 오스트리아 빈이지만 투르크하임은 제가 다시 태어난 곳입니다. 제 인생 전반기를 지나고 다시 태어난 곳이라는 뜻입니다. 얼마 전 제 80살 생일이 지났습니다. 제 40살 생일은 투르크하임 수용소에서 보냈지요. 몇 주 동안 발진 티푸스로 고열에 시달리다가 처음으로 열이 내린 게 그날의 생일 선물이었습니다.

첫 인사를 죽은 동료들에게 바치겠습니다. 그리고 첫 감사는 기념비를 세우는 것에 앞장선 고등학생들에게 보냅니다. 이 감사는 기념비가 기리고 있는 죽은 피해자들의 이름을 대신하여 드리는 것이기도 합니다. 수용소 다른 사람들의 삶을 구해 준 분들에게도 감사의 마음을 전하고 싶습니다.

짧은 이야기를 하나 할게요. 2년 전, 저는 미국 텍사스주 수도에 있는 대학에서 로고테라피를 강의했습니다. 로고테라피는 제가 만든 심리 치료 방법입니다. 그 도시 시장께서 저에게 명예시민 자격을 주실 때 제가 말했습니다. "제가 명예시민이 되기보다 당신을 명예 로고테라피스트로 부르고 싶습니다. 텍사스 젊은이들이 목숨을 걸지 않았다면, 그중 몇 명이 우리의 구하기 위해 희생하지 않았다면, 1945년 4월 27일에 빅터 프랭클은 없었고, 로고테라피도 없었을 것입니다." 그때 시장의 눈에 눈물이 맺혔습니다.

이제 투르크하임 시민들에게도 감사를 전합니다. 캘리포니아에 있는 미국 국제 대학에서 한 학기 강의가 끝나는 마지막 시간이 되면, 저는 학생들이 부탁한 슬라이드를 보여 줍니다. 전쟁이 끝나고 제가 찍은 강제 수용소 사진들입니다. 슬라이드쇼 마지막에는 항상 철도 둑의 반대편에서 찍은 사진을 보여 줍니다. 큰 농가와 거기 사는 여러 세대의 가족을 모아 두고 그 앞에서 제가 찍은 것이지요. 이 사람들은 전쟁이 끝날 무렵 수용소에서 탈출한 헝가리 국적의 유대인 소녀를 목숨 걸고 숨겨 주었습니다! 저는 이 사진으로 제 깊은 신념, 전쟁이 난 다음 날부터 가졌던 확신을 보이고 싶었습니다. 바로 집합적 유죄는 없다는 것입니다! 부모나, 심지어 조부모 세대에서 했던 일에 책임을 지우는 소급적 집단 유죄는 더욱더 말이 되지 않고요.

죄책감은 개인적인 죄, 그러니까 자기가 한 일이나 하지 않은 일, 자기가 외면한 일에 대한 것입니다. 어느 순간에도 그 상황에 놓인 사람들의 두려움을 이해해야 합니다. 자신의 자유, 생명을 잃을지 모르는 두려움, 자기 가족을 잃을지 모르는 두려움도 생각해야 합니다. 그럼에도 물론 자기 신념에 충실하여 스스로 위험한 일에 나선 사람들도 있습니다. 그러나 우리는 단 한 사람에게만 영웅적인 행동을 하라고 할 수 있습니다. 그 사람은 바로 나 자신입니다. 적어도 불의에 무릎 꿇거나 타협하지 않고 강제 수용소에 가겠다는 신념을 보여 준 사람만이 다른 사람에게도 그러라고 말할 수 있습니다. 외국에 안전하게 있던 사람들이라면 다른 사람에게 죽음을 무릅쓰라고 말할 수 없습니다. 생각해 보세요. 수용소 안에 갇혔던 사람들은 자유를 얻으려 외국으로 떠난 사람들보다, 몇십 년 뒤에 태어난 세대 사람들보다 이 일을 보통 훨씬 더 너그럽게 봅니다.

마지막으로, 불행히도 오늘 이 자리에 참석할 수 없는 한 분에게 감사를 드립니다. 투르크하임 수용소 소장 호프만 씨입니다. 제가 누더

200

기 옷을 입고 담요도 없이 추위에 벌벌 떨며 카우페링 수용소에서 이 곳으로 막 왔을 때였습니다. 제 앞에 서서 심하게 욕을 하던 호프만 씨가 눈에 선합니다. 우리를 그 꼴로 보낸 것에 화를 내면서요. 나중에 알게 되었지만 그는 유대인 수감자들을 위해 자신이 돈을 내어 약을 몰래 사기도 했습니다.

몇 년 전 저는 수용소 수감자들을 도왔던 투르크하임 시민 몇 분을 지역 연회장에 초대해 조촐한 모임을 했습니다. 호프만 씨도 오시길 바랐는데, 얼마 전에 돌아가셨다고 하더군요. 호프만 씨가 죽는 날까지 자책했다는 이야기를, 여러분도 다 아는 이 지역 영적 지도자로에게서(그분도 이제는 돌아가셨네요) 들었습니다. 호프만 씨는 전혀 그러지 않아도 되는데 말이에요.

여러분이 제 생각에 반대할지도 몰라요. 다 좋다, 그러나 호프만 씨 같은 사람은 예외일 뿐이다, 하면서요. 그럴지도 모르지요. 그러나 그런 분들을 생각해야 합니다. 적어도 이해, 용서, 화해를 이야기할 때는요! 이렇게 말해도 된다고 느끼는 이유는, 다름 아닌 저명한 랍비였던 돌아가신 레오 벡이 오래전 1945년에－1945년이라니, 상상이나 할 수 있나요!－'화해를 위한 기도문'을 썼기 때문입니다. 그 기도문에서 그는 '오직 선한 행동만 평가해야 한다!'고 분명하게 말합니다.

그렇지만 사실 선한 것이 거의 없었다고 말한다면 또 다른 위대한 유대인 사상가의 말로 대답하겠습니다. 네덜란드의 철학자 스피노자는 자신의 책 《에티카》를 이런 말로 끝맺습니다. *sed omnia praeclara tam difficilia, quam rara sunt*(위대한 모든 것은 찾기 힘들다. 하기 힘들기 때문이다). 사실 저도 그렇게 생각해요. 존경할만한 사람은 얼마 되지 않는다고요. 예전부터 그랬고, 앞으로도 그럴 거라고 생각합니다. 대단한 사실은 아닙니다. 이 세상은 항상 36명의 의로운 사람 덕분에 이어진다*는 고대 유대인 전설이 있습니다. 세상에 의인은 36명을 넘지 않는다고 합니다! 정확히 그 숫자는 말할 수 없지만, 확실히 투르크하임에는 몇 명의 의인이 있었고, 지금도 있습니다. 그리고 지금 우리가 투르크하임 수용소의 희생자들을 추모할 때 저는 그 희생자들의 이름으로 투르크하임시의 의로운 분들께 감사의 마음을 전하고 싶습니다.

---

* 히브루어로 '숨겨진 의인들'이란 뜻. 36명의 의로운 사람들이 세상을 받치고 있다는 신화

히틀러 침공 50년 기억일 행사 연설

1988년 3월 10일, 빈 라타우스 광장

  친애하는 신사 숙녀 여러분,

  제가 이 추모의 자리에서 제 가족 얘기를 나누려는 것을 이해해 주시기 바랍니다. 제 아버지는 테레지엔슈타트 강제 수용소에서 돌아가셨고, 제 동생은 아우슈비츠에서 죽었습니다. 어머니도 아우슈비츠 가스실에서 죽었습니다. 저의 첫 아내는 베르겐-벨젠에서 목숨을 잃었습니다. 하지만 제가 증오의 말을 할 거라고 생각하지는 말아 주세요. 제가 누구를 증오할까요? 저는 희생자들만 알 뿐 가해자를 모릅니다. 적어도 가해자 하나하나는요. 그리고 집합적 유죄라고 말하지도 않을 것입니다. 집합적 유죄 같은 것은 없고, 처음부터 있지도 않았습니다. 이 말을 오늘만 하는 것은 아닙니다. 제가 마지막 강제 수용소에서 풀려난 다음 날부터 계속해 오던 말입니다. 물론 그때는 집합적 유죄를 공개적으로 반대해서 사람들의 이목을 끄는 것이 분명히 좋은 생각은 아니었지만요.

어떤 경우에도 죄는 개인적인 것이어야 합니다. 내가 했거나, 해야 했는데 하지 않은 일에 죄를 물어야지요! 다른 사람이 저지른 일에 내가 유죄일 수 없습니다. 그 사람이 내 부모 혹은 조부모여도 마찬가지입니다. 오늘날 0세에서 50세 사이의 오스트리아 국민들을 '소급적 집합 유죄'로 보는 것은 범죄와 광기라고 생각합니다. 정신과 의사의 말로 하자면, 정신 이상이 아니라면 그건 범죄입니다. 나치스의 연좌제[*]로 돌아가는 것입니다! 이전에 연좌제의 희생자였던 분들이 제일 먼저 여기게 동의해야 합니다. 그렇지 않다면 젊은이들을 옛 나치스 또는 신나치주의[**] 품으로 밀어 넣는 문을 활짝 열어 주는 것과 같습니다.

이제 다시 제가 강제 수용소에서 풀려난 날로 돌아가겠습니다. 수용소에서 나와 제일 먼저 탈 수 있었던 트럭을 얻어 타고 빈으로 돌아왔습니다. 그 뒤로부터 지금까지 저는 미국을 63번이나 갔지만, 매번 오스트리아로 돌아왔습니다. 오스트리아가 특별히 저를 사랑해서가 아니라 그 반대입니다. 제가 오스트리아를 너무 사랑하기 때문입니다. 우리는 사랑이 계산해서 주고받는 것이 아니란 것을 압니다. 미국에 갈 때마다 미국인들이 묻습니다. "프랭클 씨, 왜 전쟁 전에 미국에 오지 않았나요? 그럼 그렇게 고생하지 않아도 되었을 텐데요." 그때마다 저는 설명합니다. 비자를 얻는 데 오래 걸렸고, 비자가 나왔을 때는 이미 너무 늦었다고요. 또 전쟁 한가운데 늙은 부모님을 두고 떠날 수 없었다고요. 미국인들이 다시 묻습니다. "그렇다면, 왜 전쟁 뒤에 미국으로 오지 않았나요? 빈이 당신과 가족들에게 한 짓을 참을 수 있었나요?"

"글쎄요." 저는 대답합니다. "빈에 사는 한 카톨릭 신자 남작 부인은 자기 목숨을 걸고 내 사촌을 숨겨 주어 결국 살렸습니다. 빈에 살던 사회주의자 변호사 한 명은 큰 위험을 무릅쓰고, 할 수 있을 때마다 몰래 제게 먹을 것을 가져다주었지요." 그게 누군지 아세요? 나중에 오스트리아 부수상이 된 브루노 피터만입니다. 제가 미국 사람들에게 묻습니다. "그런 사람들이 있는 도시로 왜 돌아가지 말아야 할까요?"

여러분, 저에게 이렇게 말할지도 모릅니다. "그래요, 다 좋아요. 하지만 그들은 예외예요. 그들은 수많은 기회주의자들 사이에서 예외였던 거예요. 그들은 더 저항했어야 해요." 여러분이 맞습니다. 그러나 생각해 보세요. 저항에는 영웅심이 필요합니다. 제 생각에는 우리가 영웅심을 내라고 할 수 있는 사람은 단 한 사람입니다. 바로 자기 자신이요! 다른 사람에게 나치스에 순종하기보다는 감옥에 갔어야 한다고 말할

※ **연좌제** 범죄인의 죄를 가족이나 친척 등이 함께 책임지게 하는 제도
※※ **신나치주의** 1945년 뒤로 새롭게 나온 극단적인 나치주의

자격이 있는 건 자기가 실제로 그렇게 해서 강제 수용소에 갔던 사람들뿐입니다. 그런데 이것도 생각해 보세요. 강제 수용소에 갔던 사람들은 대체로 기회주의자들의 죄를 더 가볍게 여깁니다. 그 기간 동안 외국에 있던 사람들보다 더 가볍게 여기지요. 젊은 세대는 말할 것도 없습니다. 그때 사람들이 얼마나 두려웠고, 자유, 목숨, 자신들이 책임진 가족의 운명 때문에 얼마나 떨었는지 젊은 세대들이 상상이나 할 수 있을까요? 그렇기 때문에 레지스탕스 운동에 용감하게 뛰어든 사람들을 더욱 존경할 수밖에 없습니다. 여기서 내 친구 후버트 기에스에흐를 기억하고 싶습니다. 그는 군대를 전복하려 했다고 사형 선고를 받고 단두대에서 처형되었습니다.

국가사회주의(독일 나치당)는 인종 차별을 키웁니다.[*] 그러나 현실 세계에는 두 종류의 인종만 있습니다. 올바른 양식을 지닌 '인종'과 그렇지 않은 '인종'입니다. 그리고 이 인종 분리는 모든 국가에서, 그리고 각 국가 안 모든 정당에 속속 퍼져 있습니다. 심지어 강제 수용소에서도 가끔 올바른 양식을 가진 나치스 친위 대원을 볼 수 있었습니다. 마찬가지로 수감자들 중에도 가끔 악당 한둘을 마주칠 수 있었고요. 카포는 얘기하고 싶지도 않습니다. 올바른 양식을 가진 사람은 적고, 항상 그래 왔으며 앞으로도 그럴 거라는 사실을 받아들여야 합니다. 정치 시스템이 그런 올바르지 않은 사람, 국가의 부정적인 면을 높은 자리에 올려놓을 때 우리는 큰 위험에 처합니다. 어느 나라도 여기서 자유로울 수 없으며, 모든 나라가 홀로코스트를 저지를 수 있습니다! 사회 심리학 분야에서 했던 과학적 실험의 결과가 이를 뒷받침합니다. 밀그램 실험[**]이라고 하는 이 실험을 한 미국의 연구자들에게 감사드립니다.

이 모든 것에서 우리가 얻을 수 있는 정치적 의미는, 기본적으로 정치에는 두 종류만 있다는 것입니다. 두 종류의 정치인이라고 하는 게 더 좋겠네요. 첫 번째 종류는 목적이 수단을 정당화한다고 믿는 사람들입니다. 어떤 수단이라도 상관없는 거죠. 다른 종류의 정치인들은 신성한 목표를 훼손하는 수단도 있다는 것을 잘 아는 사람들입니다. 저는 이런 정치인들을 신뢰합니다. 지금 1988년 전후의 혼란스러움이 있지만 우리 시대는, 그리고 오늘 기념일은, 우리에게 논리적인 이성의 목소리를 듣고 선의를 가진 모두가 서로 손잡자고 말합니다. 모든 희생자의 무덤과 분열을 넘어서요.

잘 들어주셔서 감사합니다.

---

[*] 아돌프 히틀러가 통치하던 독일을 '제3제국', '나치 독일'이라고 한다. 인종 차별, 만유내수의, 압세 정치가 특징이다. 나치당은 정식으로는 국가사회당이라고 부른다.

[**] **밀그램 실험** 1961년 미국 예일대학 사회심리학자 스탠리 밀그램이 한 실험. 보통 사람이 '권위적인 불법적 명령'에 얼마나 순응하고, 거기에 복종해서 얼마나 잔인해질 수 있는지 보여 주었다.

빅터 프랭클 박사와 홀로코스트 연대기

1905년
빅터 프랭클이 3월 26일 오스트리아 빈에서 태어나다.

1928 ~29년
9월 빅터 프랭클이 빈과 6개 다른 도시에 청소년 무료 상담 센터를 세우다. 대학 병원 정신의학과에서 일하기 시작하다.

1930년
빅터 프랭클이 의학박사 학위를 받다.

1933년
정신 병원에서 자살 위험이 있는 여성 환자 병동의 책임자가 되다. 같은 해 1월 30일, 아돌프 히틀러가 독일 수상이 되다. 4월 1일, 나치가 유대인 기업에 전국적인 불매 운동을 하도록 하다. 5월 10일, 독일 전체 지역의 공개 집회에서 나치 지지자들이 유대인과 정치적 반대파가 쓴 책을 불태우다.

1935년
나치 정부가 국가시민법을 선포하다. 이것은 유대인들의 독일 시민권을 빼앗고, 독일 혈통과 명예를 지키기 위해 유대인과 '독일 혈통이 흐르는 사람'이 결혼하는 것을 금지하는 법이다.

1937년
빅터 프랭클이 신경 의학과 심리를 진료하는 개인 병원을 열다.

1938년
독일군이 오스트리아를 침공하고, 오스트리아가 독일국에 병합되다. 전국적으로 '수정의 밤' 사건이 일어나다(나치와 그 지지자들이 유대교회당을 불태우고, 유대인 가정과 상점을 약탈한 것을 말한다. 거리에 수정(유리 파편)이 흩어져 있었다고 해서 이렇게 이름 붙였다). 최소 91명이 죽고, 약 3만 명의 유대인이 체포되어 다하우, 사켄하우젠(Sachsenhausen), 부헨발트(Buchenwald), 마우타우젠(Mauthausen) 강제 수용소에 갇히다.

1939년	빅터 프랭클이 미국 비자를 얻었으나, 나이 든 부모님을 생각해서 비자를 포기하고 오스트리아에 남다. 3월 15일, 독일군이 체코 땅을 점령하다. 9월 1일, 독일군이 폴란드를 쳐들어가 제2차 세계 대전의 시작을 알리다.
1940년	빅터 프랭클이 로스차일드 병원 신경의학과 과장이 되다. 나치 통치 아래 있던 빈의 유일한 유대인 병원인 이곳에서 빅터 프랭클이 2년 동안 과장으로 지내다.
1941년	빅터 프랭클이 틸리 그로서와 결혼하다. 6월 22일, 독일과 독일을 돕는 추축국들이 소련을 쳐들어가다. 아인자츠그루페라고 불리는 독일 살인 작전 부대가 전선에서 유대인을 찾아내 죽이는 임무를 맡다. 친위대, SS 부서(나치의 군대 조직)가 아우슈비츠에서 처음으로 가스실 실험을 하다.
1942년	빅터 프랭클이 아내, 아버지, 어머니, 남동생과 함께 체포되어 독일이 점령하고 있던 체코슬로바키아에 있는 테레지엔슈타트 강제 수용소로 보내지다. 아버지가 굶주림으로 사망하다. 1월 20일, 나치 고위 간부들이 모여 '최종적 해결책'이라는 계획을 논의하다. 이것은 유럽 전역에 걸친 유대민족 학살 계획이다.
1944년	빅터 프랭클이 아내 틸리와 함께 아우슈비츠로 옮겨가다. 어머니도 일주일 뒤 이곳으로 와 곧 가스실에서 죽다. 틸리가 독일에 있는 베르겐−벨젠 수용소로 옮겨지고, 24세 나이로 사망하다. 프랭클은 나중에 빈을 거쳐 카우페링과 투르크하임 수용소로 옮겨가다.
1945년	빅터 프랭클이 갇혔던 수용소가 해방되어 빈으로 돌아갔으나, 사랑하는 사람이 모두 죽었음을 알게 되다. 4월 30일, 히틀러가 베를린에서 자살하다. 9월 2일, 제2차 세계 대전이 공식적으로 끝나다. 뉘른베르크 재판이 열려서 많은 나치 지도자들이 홀로코스트에 대한 죄로 기소되다.

1946년 빅터 프랭클이 빈 종합 병원 신경의학과 과장이 되어 25년간 근무하다. 독일어로 쓴 《죽음의 수용소에서 실존주의까지》를 출간하다.

1947년 빅터 프랭클이 일리노어 슈빈츠와 결혼하여 딸 가브리엘을 낳다.

1948년 빅터 프랭클이 철학 박사 학위를 받고 빈대학 신경정신의학과 조교수가 되다.

1954년 런던, 네덜란드, 아르헨티나에 있는 대학들이 빅터 프랭클에게 강의를 부탁하다. 미국의 저명한 심리학자들이 프랭클과 그의 연구를 알리다.

1959년 《죽음의 수용소에서 실존주의까지》 책이 영어판으로 출간되다.

1960년 빅터 프랭클이 하버드대학 초빙 교수가 되다.

1963년 《죽음의 수용소에서 실존주의까지》가 《죽음의 수용소에서》라는 새로운 제목으로 출간되다.

1966 ~72년 빅터 프랭클이 미국 여러 대학의 초빙 교수직을 받아들여 미국 여러 곳을 돌며 강의하다.

1988년 히틀러의 빈 침공 50년 기억일 행사에서 빅터 프랭클이 한 연설이 사람들에게 큰 감동을 주다.

1997년 빅터 프랭클이 92세에 심장에 생긴 병으로 죽다.

청소년을 위한

빅터 프랭클의
죽음의 수용소에서

초 판 1쇄 발행 · 2021. 8. 25
초 판 4쇄 발행 · 2024. 7. 20
—

지은이   빅터 프랭클
옮긴이   이시형 김혜림
발행인   이상용 이성훈
일러스트   김혜령
편집   이라일라
디자인   최유정
발행처   청아출판사
출판등록   1979. 11. 13. 제9-84호
주소   경기도 파주시 회동길 363-15
대표전화   031-955-6031   팩스 031-955-6036
전자우편   chungabook@naver.com
—

ISBN 978-89-368-1185-3 03180
—

인간을 인간답게, 삶을 의미 있게 만드는
빅터 프랭클의 책들

그럼에도 삶에 '예'라고 답할 때
빅터 프랭클 지음 · 마정현 옮김 | 값 12,000원

빅터 프랭클이 나치 강제 수용소에서 풀려난 이듬해, 한 시민 대학에서 했던 강연을 옮겼다. 왜 살아야 할까, 사는 게 왜 고통스러울까, 삶은 어떤 의미가 있을까 등 현대인들이 가진 삶에 대한 여러 질문에 대답한다.

빅터 프랭클, 당신의 불안한 삶에 답하다
빅터 프랭클 지음 · 마정현 옮김 | 값 21,000원

정신과 의사로서 삶의 이유를 찾기 위해 싸워 온 60여 년의 모든 여정을 담았다. 누가 인생의 의미를 결정하고, 누가 먼저 길을 알려 줄 수 있는지, 진료에서 의사로서의 권한은 어디까지인지, 인생에 대한 박사의 깊은 통찰을 만난다.